Schreiben üben!
RUSSISCH

Das russische Alphabet Schritt für Schritt lernen und trainieren

von
Dr. Manfred Schruba
Alek Junikow

Danke für Ihr Vertrauen!

Wir bei PONS sind der Überzeugung: Wer Sprachen spricht, dem steht die Welt offen. Aus diesem Grund entwickeln wir seit über 40 Jahren hochwertige Wörterbücher und Sprachlern-Produkte und entwerfen ständig neue didaktische Konzepte, um für alle Lernenden das Passende anbieten zu können.

Helfen Sie uns mit Ihrem Feedback!

Sind Sie mit diesem Buch zufrieden?

Dann freuen wir uns über Ihre **Weiterempfehlung**. Erzählen Sie es Ihrem Freundeskreis, der Buchhandlung Ihres Vertrauens oder schreiben Sie eine **Online-Rezension** und helfen Sie uns, dieses Buch anderen näherzubringen.

Sie haben Fragen bzw. Kritik oder Korrekturen an unserem Buch?

Wir freuen uns über Ihre Anregungen. Schreiben Sie uns eine Nachricht auf **www.pons.de/kontakt**.

Ihr Feedback hilft uns, unsere Produkte immer weiter zu verbessern.

Herzlichen Dank für Ihre Unterstützung und viel Spaß & Erfolg beim Sprachenlernen.

Ihre PONS-Redaktion

Inhaltsverzeichnis

Die russische Schrift und ihre Geschichte

Russisch ist eine ostslawische Sprache indoeuropäischen Ursprungs, deren Schrift (Kyrillica) im späten 9. Jahrhundert von den Mönchen Kyrillos (826/827 - 869) und Methodios (816 - 885) entwickelt und zunächst im makedonisch-bulgarischen Sprachraum verwendet wurde. Die Verbreitung des kyrillischen Alphabets fand im Zuge der Christianisierung der Ostslawen im Jahr 988 statt. Die meisten Buchstaben wurden aus dem griechischen Alphabet (Unzialschrift) übernommen. Für die spezifisch slawischen Laute wurden Zeichen aus der glagolitischen Schrift (Glagolica) verwendet, die einige Zeit vor der Kyrillica von Kyrillos entwickelt wurde. Nach dem Tod der Brüder Kyrillos und Methodios wurde die Kyrillica von ihrem Schüler Klement von Ohrid (ca. 840 - 916) weiter ausgearbeitet.
Um 1700 wurde die kyrillische Schrift im Zuge der Reformen Peters des Großen (1672 - 1725, Zar 1682 - 1725) im Russischen Reich vereinfacht und optisch an die lateinische Schrift angepasst. Die latinisierten Buchstabenformen, die sich von der kirchenslawischen Schrift unterschieden, wurden zur Grundlage der Orthografie des Russischen. Allerdings wurden in der kyrillischen Schrift im Gegensatz zur lateinischen Schrift nur selten beigefügte Akzente, Punkte oder Ähnliches verwendet, sondern stattdessen ganz neue Buchstabenformen. Im Zuge anderer Reformen, die Peter der Große während seiner Herrschaft durchführte, wurde die Anzahl der Buchstaben im russischen Alphabet weiter reduziert.
Die letzte große Rechtschreibreform erfolgte 1918; dabei wurden einige durch die Lautentwicklung nicht mehr notwendige Schriftzeichen abgeschafft. Die heutige Orthografie, die im Wesentlichen dem phonologischen Prinzip (man schreibt, wie man spricht) folgt, wurde weitgehend durch diese Rechtschreibreform festgelegt. Seitdem besteht das moderne russische Alphabet aus 33 Buchstaben.
Die russische Sprache verfügt neben einem alten gemeinslawischen, ostslawischen Wortbestand und einigen Wörtern, die nur im Russischen vorkommen, über eine Reihe von Lehnwörtern aus dem Griechischen, Lateinischen, Deutschen, Französischen und den Turksprachen.
Daneben gibt es Entlehnungen aus den skandinavischen Sprachen, dem Niederländischen und zunehmend aus dem Englischen. Heute bedienen sich der kyrillischen Schrift Russisch, Ukrainisch, Weißrussisch, Bulgarisch, Serbisch, Mazedonisch sowie einige zentralasiatische Sprachen (z. B. Kasachisch).
Außerdem wurde die kyrillische Schrift in einer Reihe nichtslawischer Gebiete der ehemaligen Sowjetunion eingeführt, die zum Teil erstmals eine Schriftsprache erhielten.

Silbenbetonung im Russischen

Die Wortbetonung im Russischen folgt keinen festen Regeln. Man muss sich beim Lernen neuer Vokabeln merken, auf welcher Silbe eines Wortes die Betonung liegt. Durch eine falsche Betonung kann der Wortsinn verändert werden, oder das Wort wird unverständlich.

Damit Sie beim Lernen neuer russischer Wörter die richtige Wortbetonung gleich mitlernen können, wurde in diesem Buch bei jedem Wort in Druckschrift ein Betonungszeichen auf die betonte Silbe gesetzt. Zum Beispiel: **ма́ма**, **те́ма**. Auch in Wörterbüchern und anderen Russisch-Lehrwerken werden Ihnen diese Betonungszeichen begegnen, nicht aber in original russischen Texten.

Bei einsilbigen Wörtern, z. B. **такт**, wurde in diesem Buch auf Betonungszeichen verzichtet, weil die Betonung automatisch auf den Vokal fällt. Ebenso werden Sie kein Betonungszeichen bei Wörtern mit dem Buchstaben **ё** finden. Denn in Wörtern mit dem Buchstaben **ё** wird immer das **ё** betont.

Groß- und Kleinschreibung

Im Russischen werden Wörter generell kleingeschrieben. Großgeschrieben wird nur das erste Wort eines Satzes. Außerdem erfolgt Großschreibung bei:

- Namen für Personen; sowohl der Vorname als auch der Nachname werden großgeschrieben.
- Ländernamen; bei mehrteiligen Ländernamen werden alle Wörter großgeschrieben.
- geografische Namen, z. B. Flüsse, Gebirge, Seen, Meere, Namen für öffentliche Gebäude, staatliche Institutionen, Titel von Büchern, Filmen etc.; sofern diese Namen mehrteilig sind, wird allerdings nur das erste Wort großgeschrieben.

Das russische Alphabet auf einen Blick

Das Alphabet der kyrillischen Schriftzeichen besteht aus 33 Buchstaben, von denen 10 Vokal- und 21 Konsonantbuchstaben sind. Daneben gibt es noch zwei „besondere“ Buchstaben: das harte Zeichen ъ (твёрдый знак) und das weiche Zeichen ь (мягкий знак). Sie haben keinen eigenen Lautwert, sondern geben an, wie der vorangehende Konsonant auszusprechen ist: hart oder weich.
Im Russischen unterscheidet sich die Schreibschrift teilweise erheblich von der Druckschrift. Deshalb lernen und trainieren Sie in diesem Buch beide Schriftvarianten.

Druckschrift	Schreibschrift	Buchstabennamen		Aussprache
		auf Russisch	auf Deutsch	
А, а	*А, а*	а	a	[a] (wie a in ***a****ber*)
Б, б	*Б, б*	бэ	bä	[bɛ] (wie b in ***B****uch*)
В, в	*В, в*	вэ	wä	[vɛ] (wie w in ***W****agen*)
Г, г	*Г, г*	гэ	gä	[gɛ] (wie g in ***G****arten*)
Д, д	*Д, д*	дэ	dä	[dɛ] (wie in ***D****ach*)
Е, е	*Е, е*	е	jä	[je] (wie je in ***je****doch*)
Ё, ё	*Ё, ё*	ё	jo	[jɔ] (wie jo in ***Jo****hannisbeere*)
Ж, ж	*Ж, ж*	жэ	schä	[ʒɛ] (stimmhaftes sch wie in ***J****argon*)
З, з	*З, з*	зэ	sä	[zɛ] (stimmhaftes s wie in ***S****ahne*)
И, и	*И, и*	и	i	[i] (wie i in ***I****gel*)
Й, й	*Й, й*	и кра́ткое	i kratkaji	[j] (wie i in *Ma****i***)
К, к	*К, к*	ка	ka	[ka] (wie k in ***K****unst*)
Л, л	*Л, л*	эл	äl	[ɛl] (wie l in ***L****ampe*)
М, м	*М, м*	эм	äm	[ɛm] (wie m in ***M****aus*)
Н, н	*Н, н*	эн	än	[ɛn] (wie n in ***N****ame*)

О, о	*О, о*	о	o	[ɔ] (wie o in ***O**pfer*)
П, п	*П, п*	пэ	pä	[pɛ] (wie p in ***P**ost*)
Р, р	*Р, р*	эр	är (r mit der Zungenspitze gerollt)	[ɛr] (wie r in ***R**iese*)
С, с	*С, с*	эс	äs	[ɛs] (stimmloses s wie in *Flu**ss***)
Т, т	*Т, т*	тэ	tä	[tɛ] (wie t in ***T**ag*)
У, у	*У, у*	у	u	[u] (wie u in ***U**hu*)
Ф, ф	*Ф, ф*	эф	äf	[ɛf] (wie f in ***F**oto*)
Х, х	*Х, х*	ха	cha	[xa] (wie ch in *Da**ch***)
Ц, ц	*Ц, ц*	цэ	tsä	[tsɛ] (wie z in ***Z**eit*)
Ч, ч	*Ч, ч*	че	tschä	[tʃɛ] (wie tsch in *Deu**tsch***)
Ш, ш	*Ш, ш*	ша	scha	[ʃa] (wie sch in ***sch**on*)
Щ, щ	*Щ, щ*	ща	scha (Zischlaut, „weich“ und länger als ш)	[ʃtʃa] (etwa wie in *Fi**schsch**warm*)
ъ	*ъ*	твёрдый знак	twjordyj snak, hartes Zeichen	kein selbstständiger Laut, Konsonant davor wird hart ausgesprochen
ы	*ы*	ы	ü mit Lippen-stellung wie bei deutschem i	[ɨ] keine Entsprechung, nie am Wortanfang
ь	*ь*	мя́гкий знак	mjachkij snak, weiches Zeichen	kein selbstständiger Laut, Konsonant davor wird weich ausgesprochen
Э, э	*Э, э*	э	ä	[ɛ] (wie ä in ***Ä**tna*)
Ю, ю	*Ю, ю*	ю	ju	[ju] (wie ju in ***Ju**ni*)
Я, я	*Я, я*	я	ja	[ja] (wie ja in ***Ja**hr*)

Diese Buchstaben kennen Sie schon

Schauen Sie sich folgende Buchstaben an. Sie ähneln den deutschen Buchstaben A, E, K, M, O, T. Merken Sie sich diese Buchstaben einfach mit dem Eselsbrückenwort KOMETA. Versuchen Sie, hier und bei den weiteren Buchstaben auf den folgenden Seiten die Buchstaben in Druck- und Schreibschrift auf den Schreiblinien nachzuschreiben.

А	А	а	а
А	1 2 3 *А*	*а*	*а*
Е	Е	е	е
Е	*Е Е*	*е*	*е е*
К	1 2 К	к [1]	к
К	1 2 *К*	*к*	1 2 3 *к*
М	М	м [1]	м
М	1 2 3 *М*	*м* [2]	*м*
О	О	о	о
О	*О*	*о*	*о*
Т	Т	т [1]	т
Т	1 2 3 4 *Т*	*т* [3]	1 2 3 *т*
	Т		

1) Aufgepasst! Die kleinen Druckbuchstaben **к**, **м** und **т** unterscheiden sich von den deutschen. Sie entsprechen eher dem Miniaturformat der jeweiligen großen Druckbuchstaben.

2) Beim handschriftlichen *м* darf zur Unterscheidung von anderen handschriftlichen Buchstaben das geschwungene Häkchen links unten nicht fehlen, z. B. *мама*.

3) Nicht verwechseln: Das Schriftbild des Kleinbuchstabens „**т** sieht in der kyrillischen Schreibschrift wie ein lateinisches *m* aus: *т*

Aussprachetipp: Die Buchstaben **Аа**, **Кк**, **Мм**, **Оо** und **Тт** werden im Russischen genauso ausgesprochen wie im Deutschen.
Das **е** wird, wenn es auf einen Konsonanten folgt, ähnlich wie das **e** in *Petra* ausgesprochen. Weitere Ausspracheregeln zu diesem Vokal finden Sie auf Seite 36.

Sie können schon mehr Russisch, als Sie denken!

Hier sehen Sie Wörter, die Sie aus dem Deutschen bereits kennen. In der linken Spalte können Sie die Druckschrift, in der rechten die Schreibschrift üben. Bitte achten Sie bei der Schreibschrift immer darauf, dass das kleine *м* in der Handschrift mit einem Häkchen beginnt.

áтом ______________	*атом* ______________
мáма ______________	*мама* ______________
мóкко ______________	*мокко* ______________
томáт ______________	*томат* ______________
такт ______________	*такт* ______________
тéма ______________	*тема* ______________
какáо ______________	*какао* ______________
комéта ______________	*комета* ______________

Wortschatz:

áтом - Atom **мáма** - Mutter **мóкко** - eine Kaffeesorte **томáт** - Tomate
такт - Takt **тéма** - Thema **какáо** - Kakao **комéта** - Komet

Diese Wörter haben Sie bereits in der Übung davor geübt. Ergänzen Sie den fehlenden Buchstaben, und schreiben Sie das Wort in Schreibschrift dahinter:

1. т а...т ____________________
2. а...ом ____________________
3. т...ма ____________________
4. к...мета ____________________
5. к...као ____________________
6. ма...а ____________________
7. м...кко ____________________
8. то...ат ____________________

Lösung: 1. *такт* 2. *атом* . *тема* 4. *комета* 5. *какао* 6. *мама* 7. *мокко* 8. *томат*

Schauen Sie sich die Bilder an, und versuchen Sie die Begriffe im Wortgitter wiederzufinden. Sie stehen dort ohne Betonungsakzente. Kreisen Sie die Wörter ein.

Bitte schreiben Sie die Wörter, die Sie im Wortgitter gefunden haben, noch einmal in Schreibschrift auf.

____

____

____

____

____

м	а	т	о	а	т
а	т	о	к	о	а
к	о	м	т	о	о
а	м	а	м	а	а
т	о	т	к	а	к
к	о	м	е	т	а
о	т	а	а	т	к

Lösung: *мама, комета, атом, какао, томат;* Lösung des Wortgitters auf Seite 89

Wandeln Sie die Namen in russische Schreibschrift um:

1. Óтто ______________________ 4. Том ______________________

2. Мóмо ______________________ 5. Тéо ______________________

3. Тóма* ______________________

*Тóма ist eine Kurzform des Namens Tamara.

Lösung: 1. Отто 2. Момо 3. Тома 4. Том 5. Тео

Schreiben Sie die unten stehenden Wörter in Schreibschrift. Vorsicht! Einige der Wörter sind Eigennamen und müssen deshalb großgeschrieben werden (siehe Erläuterungen auf Seite 5).

1. TÉMA, 2. ÓTTO, 3. MÁMA, 4. ÁTOM, 5. OKÁ (Ein Nebenfluss der Wolga), 6. TOM, 7. MÓKKO, 8. MÉKKA (Stadt und Wallfahrtsort in Saudi-Arabien), 9. TAKT, 10. KÁMA (ein Nebenfluss der Wolga)

______________________ ______________________

______________________ ______________________

______________________ ______________________

______________________ ______________________

______________________ ______________________

Lösung: 1. тема, 2. Отто, 3. мама, 4. атом, 5. Ока, 6. Том, 7. мокко, 8. Мекка, 9. такт, 0. Кама

Bringen Sie die Buchstaben in die richtige Reihenfolge. Schreiben Sie die Wörter in Druck- und Schreibschrift.

Diese Buchstaben ergeben Wörter, die Sie in den Übungen davor bereits kennen gelernt haben. Achten Sie auf Groß- und Kleinschreibung!

1. К О А К А ____________________
2. М Т О А Т ____________________
3. О А К ____________________
4. Т Е А М ____________________
5. Т К А Т ____________________
6. М К Е К А ____________________
7. А М Т О ____________________
8. А М А М ____________________
9. Т О Т О ____________________
10. О М К К О ____________________
11. К О М Т А Е ____________________
12. К А А М ____________________

Lösung: 1. какао, *какао* 2. томат, *томат* 3. Ока, *Ока* 4. тема, *тема* 5. такт, *такт* 6. Мекка, *Мекка* 7. атом, *атом* 8. мама, *мама* 9. Отто, *Отто* 10. мокко, *мокко* 11. комета, *комета* 12. Кама, *Кама*

In folgende russische Wörter haben sich deutsche Buchstaben „eingeschlichen". Schreiben Sie die Wörter richtig auf.

1. *томat* ____________________
2. *мокка* ____________________
3. *kakao* ____________________
4. *amom* ____________________
5. *Otmo* ____________________
6. *мата* ____________________
7. *tема* ____________________
8. *комeте* ____________________
9. *takm* ____________________
10. *Тоmа* ____________________

Lösung: 1. *томат* 2. *мокко* 3. *какао* 4. *атом* 5. *Отто* 6. *мама* 7. *тема* 8. *комета* 9. *такт* 10. *Тома*

Falsche Freunde

Vorsicht bei den folgenden sechs Buchstaben! Sie haben im russischen Alphabet zwar dieselbe Gestalt wie lateinische Buchstaben, werden aber anders gesprochen. Aber keine Sorge! Nach einigen Übungen werden Sie die russischen Buchstaben mit den deutschen nicht mehr verwechseln! Schreiben Sie die Buchstaben auf den Schreiblinien nach.

В	В	в	в
В	1 2 *В*	*в*	1 2 *в*
Н	Н	н	н
Н	1 2 3 *Н*	*н*	1 2 3 *н*
Р	Р	р	р
Р	1 2 *Р*	*р*	1 2 *р*
С	С	с	с
С	*С*	*с*	*с*
У	У	у	у
У	1 2 *У*	*у*	1 2 *у*
Х	Х	х	х
Х	1 2 *Х*	*х*	*х*

Ausspracheptipp:

В, в - w (wie in ***W**asser*)
Н, н - n (wie in ***N**ase*)
Р, р - r (wie in ***R**iese*)
С, с - s (wie in *Kü**ss**e*)
У, у - u (wie in ***U**-Bahn*)
Х, х - ch (wie in *Ba**ch***)

Schauen Sie sich die Bilder an. Erkennen Sie die Gegenstände? Schreiben Sie das russische Wort jeweils in Druck- und in Schreibschrift daneben.

ва́та ______________________________

вата ______________________________

ва́нна ______________________________

ванна ______________________________

рома́н ______________________________

роман ______________________________

анана́с ______________________________

ананас ______________________________

Wortschatz:

ва́та – *Watte* ва́нна – *Wanne* рома́н – *Roman* анана́с – *Ananas*

Noch mehr Wörter, die Sie schon kennen!

Auch die folgenden Wörter sind Ihnen aus dem Deutschen bekannt.

а́втор ____________________ *автор* ____________________

Москва́ ____________________ *Москва* ____________________

но́та ____________________ *нота* ____________________

автома́т ____________________ *автомат* ____________________

е́вро ____________________ *евро* ____________________

ма́рка ____________________ *марка* ____________________

старт ____________________ *старт* ____________________

ко́смос ____________________ *космос* ____________________

су́мма ____________________ *сумма* ____________________

ва́куум ____________________ *вакуум* ____________________

хара́ктер ____________________ *характер* ____________________

хор ____________________ *хор* ____________________

ма́ска ____________________ *маска* ____________________

а́стма ____________________ *астма* ____________________

Wortschatz:

е́вро – *Euro* автома́т – *Automat* ма́рка – *Briefmarke* а́втор – *Autor*
Москва́ – *Moskau* но́та – *Note* су́мма – *Summe* хара́ктер – *Charakter*
ва́куум – *Vakuum* старт – *Start* ко́смос – *Kosmos* ма́ска – *Maske*
а́стма – *Asthma* хор – *Chor*

Schreiben Sie die Wörter in Schreibschrift in alphabetischer Reihenfolge. Die Tabelle auf den Seiten 5 und 6 hilft Ihnen dabei.

Москвá, кóсмос, харáктер, старт, вáнна, ананáс, вáкуум, нóта

Lösung: ананас, вакуум, ванна, космос, Москва, нота, старт, характер

Ergänzen Sie den fehlenden Buchstaben, und schreiben Sie das Wort neu in Schreibschrift.

....тарт	....анна
хо....	ма....ка
рома....	с....мма
ваку....м	....ата
....арактер	ана....ас

Lösung: старт, ванна, хор, марка/маска, роман, сумма, вакуум, вата, характер, ананас

Bringen Sie die Buchstaben in die richtige Reihenfolge. Schreiben Sie die Wörter in Schreibschrift. Eines der Wörter muss großgeschrieben werden.

1. У С М М А ______________	7. Р Х О ______________
2. В А Т О М А Т ______________	8. Р О Н М А ______________
3. В А А Н Н ______________	9. С Т А Т Р ______________
4. М О К С В А ______________	10. А Т О Р В ______________
5. Е Р О В ______________	11. К О М О С С ______________
6. Е М А Т ______________	12. А Н О Т ______________

Lösung: 1. *сумма*, 2. *автомат*, 3. *ванна*, 4. *Москва*, 5. *евро*, 6. *тема*, 7. *хор*, 8. *роман*, 9. *старт*, 10. *автор*, 11. *космос*, 12. *нота*

Bekannte Laute - neue Buchstaben

Und weiter geht's mit dem Alphabet. Diesmal geht es um Buchstaben, die genauso klingen wie lateinische Buchstaben, aber im Russischen anders geschrieben werden.

Б	Б	б	б
Б	*Б*	*б*	*б*
Г	Г	г	г
Г	*Г*	*г*	*г*
Д	Д Д	д	д
Д	*Д*	*д*	*д*
З	З	з	з
З	*З*	*з*	*з*

Aussprachetipp:

Б, б - b (wie in ***B**ruder*)

Г, г - g (wie in ***G**ranate*)

Д, д - d (wie in ***D**ame*)

З, з - stimmhaftes s (wie in ***s**au**s**en*)

Lesen und schreiben Sie die Wörter in Druck- und Schreibschrift:

банк ______________________ *банк* ______________________

бана́н ______________________ *банан* ______________________

грунт ______________________ *грунт* ______________________

гаре́м ______________________ *гарем* ______________________

дра́ма ______________________ *драма* ______________________

докумéнт ______________________	документ ______________________
вáза ______________________	ваза ______________________
газ ______________________	газ ______________________
дуб ______________________	дуб ______________________
бáнда ______________________	банда ______________________

Wortschatz:

банк – *Bank (Geldinstitut)* **банáн** – *Banane* **бáнда** – *Räuberbande*
грунт – *Erdboden* **гарéм** – *Harem* **дрáма** – *Drama* **докумéнт** – *Dokument*
дуб – *Eiche* **вáза** – *Vase* **газ** – *Gas*

Tipp: Den Kleinbuchstaben **д** werden Sie in der Schreibschrift auch als ∂ bzw. ∂ wiederfinden.

Finden Sie das richtige Wort in Druckbuchstaben, und schreiben Sie es in üblicher Schreibschrift in die rechte Spalte:

1.	дуб	зуб	
		дуб	
		друг	
2.	драма	дáма	
		дáта	
		дрáма	
3.	банда	бáнда	
		дáмба	
		Вáнда	

Lösung: 1. дуб – дуб, 2. драма – драма, 3. банда – банда

Wortschatz:

зуб – Zahn **друг** – Freund **дáма** – Dame **дáта** – Datum **дáмба** – Damm, Deich
Вáнда – Wanda (weiblicher Vorname)

Weitere bekannte Laute und neue Buchstaben

И	И (1 2 3) И	и	и
И	*И* (1 2) *И*	*и*	*и* (1 2) *и*
Й	Й	й	й
Й	*Й*	*й*	*й*
Л	Л (1 2) Л	л	л
*Л**	*Л* (1 2) *Л*	*л**	*л*
П	П (1 2) П	п	п
П	*П* (1 2 3) *П*	*п*	*п* (1 2) *п*
Ф	Ф (1 2 3) Ф	ф	ф
Ф	*Ф* (1 2 3) *Ф*	*ф*	*ф* (1 2 3) *ф*

* Das handschriftliche *Лл* beginnt wie das handschriftliche *Мм* links unten mit einem Häkchen (siehe Seite 8).

Aussprachetipp:

И, **и** - i (wie in *M**i**nute*)
Й, **й** - j (wie in ***J**od*)
Л, **л** - l (wie in ***L**ampe*)
П, **п** - p (wie in ***P**a**p**a*)
Ф, **ф** - f (wie in ***F**orm*)

И und Й

И ist ein Vokal, Й ist ein Konsonant. Eine Besonderheit des Й ist, dass dieser Buchstabe nur in Fremdwörtern am Wort- bzw. am Silbenanfang stehen kann. Russische Wörter bzw. Silben russischer Wörter, die mit dem Laut [j] beginnen, schreibt man mit е [je], ё [jo], ю [ju] bzw. я [ja].

Lesen und schreiben Sie die Wörter in Druck- und Schreibschrift:

инсти́нкт ______________________ *инстинкт* ______________________

диа́метр ______________________ *диаметр* ______________________ йо́гурт ____________________ йогурт ____________________

май ____________________ май ____________________

ло́гика ____________________ логика ____________________

кли́мат ____________________ климат ____________________

президе́нт ____________________ президент ____________________

гру́ппа ____________________ группа ____________________

фи́рма ____________________ фирма ____________________

футбо́л ____________________ футбол ____________________

Wortschatz:

гру́ппа - *Gruppe* диа́метр - *Durchmesser* инсти́нкт - *Instinkt* йо́гурт - *Joghurt*
кли́мат - *Klima* ло́гика - *Logik* май - *Mai* президе́нт - *Präsident*
фи́рма - *Firma* футбо́л - *Fußball*

Lesen Sie die Wörter genau durch. Wählen Sie die sechs Gegenstände aus, die zu einer Wohnungseinrichtung passen. Schreiben Sie diese in Schreibschrift auf.

ла́мпа, телеви́зор, таба́к, телефо́н, крокоди́л, авто́бус, ра́дио, комо́д, флаг, дива́н

____________________ ____________________

____________________ ____________________

____________________ ____________________

Lösung: лампа, телевизор, телефон, радио, комод, диван

Wortschatz:

ла́мпа - Lampe телеви́зор - Fernseher таба́к - Tabak телефо́н - Telefon
авто́бус - Omnibus крокоди́л - Krokodil ра́дио - Radio комо́д - Kommode
флаг - Flagge дива́н - Diwan, Sofa

Wählen Sie die sieben Wörter aus, die Lebensmittel benennen. Schreiben Sie diese in Schreibschrift auf.

ананáс, кóфе, банáн, вáза, ромáн, бутербрóд, томáт, йóгурт, какáо, вáта

Lösung: ананас, кофе, банан, бутерброд, томат, йогурт, какао

Wortschatz:

кóфе - *Kaffee* бутербрóд - *Butterbrot, Sandwich*

Ein Buchstabe fehlt! Vervollständigen Sie die Wörter, und schreiben Sie diese noch einmal in Druckschrift ab.

грýп....а

к....ймат

ма....

лóг....ка

....йрма

....óгурт

прези....éнт

инст....нкт

фут....óл

диáме....р

Lösung: группа, климат, май, логика, фирма, йогурт, президент, инстинкт, футбол, диаметр

Lehnwörter im Russischen, die Sie erkennen können

Im Russischen finden Sie viele Lehnwörter, die aus dem Griechischen, Deutschen, Französischen usw. sowie zunehmend aus dem Englischen stammen. Hier finden Sie einige Beispiele. Geben Sie die Wörter in Schreibschrift wieder, und nennen Sie das deutsche Äquivalent:

бизнесме́н (englisch)	бутербро́д (deutsch)

па́ста (italienisch)	прое́кт (lateinisch)

ко́фе (arabisch)	пуло́вер (englisch)

комо́д (französisch)	ло́гика (griechisch)

кимоно́ (japanisch)	при́нтер (englisch)

архи́в (lateinisch)	ико́на (griechisch)

Lösung: бизнесмен, паста, кофе, комод, кимоно, архив, бутерброд, проект, пуловер, логика, принтер, икона

Wortschatz:

бизнесме́н - Geschäftsmann/-frau **па́ста** - Pasta, Teigwaren
прое́кт - Projekt **пуло́вер** - Pullover **кимоно́** - Kimono **при́нтер** - Drucker
архи́в - Archiv **ико́на** - Ikone

„Zischlaute“

Eine weitere Besonderheit des russischen Alphabets sind spezielle Buchstaben für die Zischlaute. Es sind Reibelaute (**ж**, **ш**, **щ**) und Affrikaten (**ц**, **ч**). Der Begriff Affrikate bezeichnet die unmittelbare Verbindung eines Verschlusslautes mit einem Reibelaut, in diesem Falle eines ***t*** mit einem ***s*** (*t* + *s* = ***ts*** → **ц**) sowie eines ***t*** mit einem ***sch*** (*t* + *sch* = ***tsch*** → **ч**).

Ж	1 2 3 Ж	ж	ж
Ж	1 2 3 Ж	ж	ж
	Ж		
Ц	1 2 3 4 Ц	ц	ц
	Ц		
Ц*	1 2 3 4 Ц	ц*	ц
	Ц		
Ч	1 2 Ч	ч	ч
Ч	1 2 Ч	ч	1 2 ч
Ш	1 2 3 4	ш	ш
	Ш		
Ш	1 2 3 4	ш	1 2 3 4
	Ш		ш
Щ	1 2 3 4 5 Щ	щ	щ
	Щ		

Щ*	Щ 1 2 3 4	щ*	щ 1 2 3 4
	Щ		щ

* So sieht das „Anhängsel" bei den Buchstaben Ц und Щ vergrößert aus:

Ausspracheтipp:

Ж, ж – stimmhaftes sch (wie in ***J**ury, **G**enre*)

Ш, ш – sch (wie in ***Sch**eibe*)

Щ, щ – schsch, weich gesprochen, etwa wie in *Fri**schsch**inken*

Ч, ч – tsch (wie in ***Tsch**echien*)

Ц, ц – z (wie in ***Z**entrum*)

Lesen und schreiben Sie die Wörter in Druck- und Schreibschrift.

жира́ф ______ *жираф* ______

инжене́р ______ *инженер* ______

марципа́н ______ *марципан* ______

цирк ______ *цирк* ______

чай ______ *чай* ______

что ______ *что* ______

шеф ______ *шеф* ______

шокола́д ______ *шоколад* ______

борщ ______ *борщ* ______

Wortschatz:

жира́ф – *Giraffe* инжене́р – *Ingenieur* марципа́н – *Marzipan* цирк – *Zirkus* чай – *Tee* что – *was?* шеф – *Chef* шокола́д – *Schokolade* борщ – *Borschtsch*

Gut zu wissen: Das russische Fragewort *что*? (was?) wird anders ausgesprochen als geschrieben. Man sagt „*schto*".

Russland-Quiz: Lösen Sie das Kreuzworträtsel mit den russischen Entsprechungen zu den eingedeutschten Wörtern.

1. Russisches Zupfinstrument: Balalaika
2. Hauptstadt Russlands: Moskau
3. Beliebtes heißes Getränk: Tee
4. Verbreitetes Alkoholgetränk: Wodka
5. Großmutter oder ältere Frau: Babuschka
6. Rote-Bete-Suppe: Borschtsch
7. Traditioneller Kessel zum Teekochen: Samowar
8. Ferienhaus auf dem Lande: Datscha

Lösung: 1. балалайка, 2. Москва, 3. чай, 4. водка, 5. бабушка, 6. борщ, 7. самовар, 8. дача

Schreib- und Lesetipp:

In der russischen Schreibschrift verbindet man gewöhnlich die einzelnen Buchstaben miteinander. Wenn Wörter Verbindungen mit den Buchstaben *ж*, *и*, *м*, *т* oder *ш* enthalten, können sie unter Umständen schwer zu entziffern sein. Für eine bessere Lesbarkeit werden deshalb oft Striche über dem handschriftlichen *т* bzw. unter dem handschriftlichen *ш* gesetzt.

т̄ - т *ш̲* - ш

Finden Sie zu den von Hand geschriebenen Wörtern das richtige Wort in Druckbuchstaben, und schreiben Sie das Wort nochmals in Schreibschrift in die rechte Spalte:

Schreibschrift	Druckbuchstaben	
шашка	Ма́шка	
	пта́шка	
	ша́шка	
тишина	маши́на	
	хи́жина	
	тишина́	
дума	дуга́	
	душа́	
	ду́ма	
шишка	ми́шка	
	ши́шка	
	шу́тка	
душа	душа́	
	Ди́ма	
	ду́ма	

Lösung: шашка, тишина, дума, шишка, душа

Wortschatz:

Ма́шка - *Umgangsform von Mascha* пта́шка - *kleiner Vogel* ша́шка - *Säbel* маши́на - *Auto, Maschine* хи́жина - *Hütte* тишина́ - *Stille, Ruhe* дуга́ - *Bogen* душа́ - *Seele* ду́ма - *Gedanke* ми́шка - *kleiner Bär* ши́шка - *Zapfen, Beule* шу́тка - *Scherz, Streich* Ди́ма - *Koseform von* Дми́трий - *Dmitry*

Verkleinerungsformen im Russischen

Oft wird im Russischen -к(а) als Nachsilbe zur Bildung der Verkleinerungsformen und Koseformen von Vornamen verwendet, z. B.: Ма́шка, abgeleitet von Маша (offiziell Мария - *Maria*); пта́шка - *Vögelchen*, abgeleitet von пта́ха - *Vogel*; Ми́шка, abgeleitet von Миха́ил - *Michail*; kleingeschrieben bedeutet ми́ш(к)а *Bärchen*.

Fünf besondere Vokale

Hier lernen Sie die letzten Vokale des russischen Alphabets kennen. Die Buchstaben Ё/ё, Ю/ю und Я/я entsprechen im Deutschen keinen reinen Vokalen, sondern den Buchstabenverbindungen jo, ju und ja. Der Buchstabe **ы** kommt nur als Kleinbuchstabe vor.

Ё	Ё	ё	ё
Ё	Ё	ё	ё

Ы	Ы
ы	1 2 3 4 ы

Э	Э	э	э
Э	1 2 Э	э	э

Ю	1 2 3 Ю	ю	ю
Ю	1 2 3	ю	1 2 3 Ю
	Ю		

Я	1 2 3 Я	я	я
Я*	1 2 3 Я	я*	я

* Auch das handschriftliche Я я beginnt wie das handschriftliche М м und das handschriftliche Л л links unten mit einem Häkchen (siehe Seite 8).

Verwechslungsgefahr!

Der Vokal **Э э** und der Konsonant **З з** können leicht miteinander verwechselt werden. Vielleicht hilft Ihnen der folgende bildhafte Merksatz, der auch gleich einen Hinweis zur Aussprache enthält:

*Ein seitenverkehrter Euro fiel in den **Ä**tna, während eine 3 **s**ummend darüber hinwegflog.*

Aussprachetipp:

Ё, ё - jo (wie in ***Jo**hannisbeere*) **Э, э** - ä (wie in ***Ä**tna*)

Я, я - ja (wie in ***Ja**mmer*) **Ю, ю** - ju (wie in ***Ju**welier*)

Ausspracheübung:

Der Laut **ы** ist im Deutschen unbekannt. Das ist der russische Laut, den man am längsten üben muss. Versuchen Sie folgende Übung: Formen Sie Ihre Lippen so, als ob Sie ein i aussprechen würden, aber versuchen Sie mit dieser Lippenstellung stattdessen ein ü zu sprechen. Der Laut, den Sie dann hören, entspricht dem **ы**.

Lesen und schreiben Sie die Wörter in Druck- und Schreibschrift.

шофёр ______________ *шофёр* ______________

репортёр ______________ *репортёр* ______________

му́зыка ______________ *музыка* ______________

конфе́ты ______________ *конфеты* ______________

э́кспорт ______________ *экспорт* ______________

аэропо́рт ______________ *аэропорт* ______________

рюкза́к ______________ *рюкзак* ______________

стюарде́сса ______________ *стюардесса* ______________

гимна́зия ______________ *гимназия* ______________

фотогра́фия ______________ *фотография* ______________

Tipp: Beim Buchstaben **Ё ё** werden meist die Punkte weggelassen. Man erkennt aus dem Zusammenhang, dass es sich um **ё** [jo] und nicht um **е** [je] handelt.

Wortschatz:

шофёр – *Fahrer, Chauffeur* репортёр – *Reporter/in* му́зыка – *Musik*
конфе́ты – *Bonbons, Pralinen* э́кспорт – *Export* аэропо́рт – *Flughafen*
рюкза́к – *Rucksack* стюарде́сса – *Flugbegleiterin* гимна́зия – *Gymnasium*
фотогра́фия – *Foto, Fotografie*

Versuchen Sie, die folgenden Begriffe, die Sie am Flughafen lesen könnten, in Schreibschrift zu schreiben.

информáция	кáсса

регистрáция	трaнзи́т

туалéт	багáж

Lösung: информация, касса, регистрация, транзит, туалет, багаж

Versuchen Sie, das Adressschildchen an Ihrem Reisekoffer auf Russisch zu beschriften.

фами́лия: ______________________________

и́мя: ______________________________

áдрес: ______________________________

странá: ______________________________

телефóн: ______________________________

электрóнная пóчта:* ______________________________

* Für E-Mail-Adressen benutzt man auch in Russland die lateinische Schrift.

Wortschatz:

информáция – *Information, Auskunft* кáсса – *Kasse* регистрáция – *Anmeldung/ Check-in* трaнзи́т – *Transit* туалéт – *Toilette* багáж – *Gepäck* фами́лия – *Nachname* и́мя – *Vorname* áдрес – *Adresse* странá – *Land* телефóн – *Telefon* электрóнная пóчта – *E-Mail*

Ordnen Sie die Städtenamen Ländern zu, und schreiben Sie diese in Schreibschrift auf.

Санкт-Петербу́рг, Лио́н, Берли́н, Ло́ндон, Москва́, Но́вгород, Вашингто́н, Пари́ж, О́ксфорд, Га́мбург, Ни́цца, Мю́нхен, Ма́нчестер, Чика́го, Сан-Франци́ско

Росси́я

____

____

____

Герма́ния

____

____

____

Фра́нция

____

____

____

А́нглия

____

____

____

Аме́рика

____

____

____

Lösung: Россия (Санкт-Петербург, Новгород, Москва), Германия (Берлин, Гамбург, Мюнхен), Франция (Париж, Ницца, Лион), Англия (Лондон, Оксфорд, Манчестер), Америка (Вашингтон, Сан-Франциско, Чикаго)

Weiches und hartes Zeichen

Eine Besonderheit der russischen Sprache sind das weiche Zeichen **ь** (мягкий знак) und das harte Zeichen **ъ** (твёрдый знак). Die Zeichen haben keinen eigenen Lautwert und dienen lediglich, wie der Name schon sagt, der Erweichung bzw. der Erhärtung der Konsonanten. Ein Konsonant wird weich ausgesprochen, wenn auf ihn das weiche Zeichen **ь** folgt, und hart, wenn auf ihn das harte Zeichen **ъ** folgt.

ь	ь
ь	1 2 *ь*
ъ	1 2 3 ъ
ъ	1 2 3 *ъ*

Aussprachetipp:

Das weiche und das harte Zeichen dienen auch als „Trennzeichen". Innerhalb eines Wortes zeigen sie an, dass ein nachfolgender jotierter Vokal (е, ё, ю, я) getrennt, d. h. mit j-Anlaut ausgesprochen werden soll. Sprechen Sie aus: компьютер (*Computer*), инъéкция (*Injektion*), объéкт (*Objekt*), субъéкт (*Subjekt*).

Lesen und schreiben Sie die Wörter in Druck- und Schreibschrift.

фильм ______ *фильм* ______

карусéль ______ *карусель* ______

алтáрь ______ *алтарь* ______

штéмпель ______ *штемпель* ______

компьютер ______ *компьютер* ______

инъéкция ______ *инъекция* ______

объéкт ______ *объект* ______

субъéкт ______ *субъект* ______

Wortschatz:

фильм - *Film*   карусе́ль - *Karussell*   алта́рь - *Altar*   штё́мпель - *Stempel*

Geben Sie Städte- und Eigennamen in russischer Schreibschrift wieder. Hilfe finden Sie in dem Tipp-Kasten.

Tipp zur Umschrift:

Bei der Umschrift der Städte- und Eigennamen achten Sie besonders auf die Aussprache. Generell gelten für die Aussprache folgende Regeln:

ä = **е, э**   ü = **ю**   ö = **ё**   l = **ль**   n = **нь, н**

Fremdwörter oder Eigennamen, die mit einem h beginnen, werden im Russischen entweder mit einem г oder mit einem х geschrieben, z. B. Heinrich = Генрих, Hobby = хобби, Hillary = Хиллари.

Ein Konsonant + ju in englischen Wörtern wird im Russischen mit Konsonant + **ью** wiedergegeben, z. B.: New York = Нью-Йо́рк

Der deutsche Doppellaut ei wird im Russischen durch **ей** wiedergegeben, z. B. Heine = Ге́йне

Kiel ____________________   Rilke ____________________

Köln ____________________   Moltke ____________________

Düsseldorf ____________________   Voltaire ____________________

Heidelberg ____________________   Gor'kij ____________________

Oldenburg ____________________   Jelzin ____________________

Kassel ____________________

Lösung: *Киль, Кёльн, Дюссельдорф, Гейдельберг, Ольденбург, Кассель, Рильке, Мольтке, Вольтер, Горький, Ельцин*

Schreiben Sie die passenden Monatsnamen in Schreibschrift zu den Jahreszeiten.

янвáрь, феврáль, март, aпрéль, май, ию́нь, ию́ль, áвгуст, сентя́брь, октя́брь, ноя́брь, декáбрь

Lösung: Winter зимá (*декабрь, январь, февраль*), Frühling веснá (*март, апрель, май*), Sommer лéто (*июнь, июль, август*), Herbst óсень (*сентябрь, октябрь, ноябрь*)

Setzen Sie, falls notwendig, am Ende des Wortes ein Weichheitszeichen, und schreiben Sie das Wort noch einmal in Schreibschrift:

багáж… ____________________	Кил… ____________________
апрéл… ____________________	борщ… ____________________
ромáн… ____________________	карусéл… ____________________
штéмпел… ____________________	декáбр… ____________________
харáктер… ____________________	феврáл… ____________________

Lösung:
багáж *багаж*, Киль *Киль*, апрéль *апрель*, борщ *борщ*, ромáн *роман*, карусéль *карусель*, штéмпель *штемпель*, декáбрь *декабрь*, харáктер *характер*, феврáль *февраль*

Borschtsch (борщ) ist ein sehr typisches Gericht in Russland und in der Ukraine, das u. a. aus Rindfleisch, Karotten, Weißkohl, Roter Bete, Kartoffeln, Zwiebeln und Tomaten zubereitet und mit Sauerrahm und Petersilie serviert wird.

Die Aussprache

Im Russischen variiert die Aussprache der einzelnen Buchstaben je nach ihrer Position im Wort. Es gelten vor allem drei wichtige Regeln:
1. Reduktion der Vokale
2. Erweichung (Palatalisierung) der Konsonanten
3. Stimmlosigkeit/Stimmhaftigkeit der Konsonanten.

1. Reduktion der (unbetonten) Vokale

Der betonte Vokal wird im Russischen deutlich ausgesprochen, z. B. das **а** in dem Wort **такт**. Der unbetonte Vokal verändert dagegen oft seine Klangfarbe; man sagt, er wird reduziert (**комéта**, ausgesprochen: **камéта**). Die in Russland regional unterschiedlich stark ausgeprägte Reduktion der Vokale kann zu Besonderheiten bei deren Aussprache führen, die man als **Akanje** (áканье) bzw. als **Ikanje** (иканье) bezeichnet. Wie die Begriffsbezeichnungen andeuten, werden bestimmte Vokale in der unbetonten Stellung auf Laute reduziert, die sich klanglich einem „а" bzw. „и" annähern können.

Vokale	Reduktion zu	Beispiel
о	**а** (Akanje)	ромáн → р**а**мáн томáт → т**а**мáт
е, э, я	**и** (Ikanje)	телефóн → т**и**л**и**фóн январь → **jи**нвáрь

2. Palatalisierung

Fast alle Konsonanten können im Russischen sowohl hart als auch weich („palatalisiert") ausgesprochen werden. Die Palatalisierung geschieht, indem man bei der Bildung des Lautes den Zungenrücken gegen den Gaumen (lateinisch: *palatum*) drückt. Sie muss auf jeden Fall beachtet werden, da sie den Sinn des Wortes verändern kann. Ob ein Konsonant weich oder hart ausgesprochen wird, hängt generell von dem ihm folgenden Vokal ab. Ein Konsonant wird hart ausgesprochen, wenn auf ihn die Vokale **а, э, о, у, ы** folgen. Er wird weich ausgesprochen, wenn auf ihn die Vokale **и, е, ё, ю, я** folgen. Hier eine Tabelle mit Beispielen:

Vor **а, э, о, у, ы**	harter Konsonant	**к**áрта, **н**óта, **с**ýмма
Vor **и, е, ё, ю, я**	weicher Konsonant	к**л**ńмат, **т**éма, с**т**юардéсса

Es gibt Konsonanten, die immer hart bzw. weich sind.
- Immer hart sind **ж**, **ш**, **ц**: жира́ф, шеф, цирк
- Immer weich sind **ч**, **щ**, **й**: чай, щи (russische Kohlsuppe), майо́р

3. Stimmlosigkeit/Stimmhaftigkeit der Konsonanten

Fast jedem stimmhaften Konsonanten entspricht ein stimmloser Konsonant. Sie bilden folgende Paare:

Stimmhaft	**б**	**в**	**г**	**д**	**ж**	**з**
Stimmlos	**п**	**ф**	**к**	**т**	**ш**	**с**

Ob ein Konsonant stimmhaft oder stimmlos ausgesprochen wird, hängt aber von seiner Position im Wort ab: Wenn ein stimmloser Konsonant vor einem stimmhaften Konsonanten steht, wird er stimmhaft, und umgekehrt gilt: Ein stimmhafter Konsonant vor einem stimmlosen Konsonanten wird stimmlos. Der Konsonant wird sozusagen von dem ihm folgenden Konsonanten beeinflusst:

Beispiel	**Aussprache**	**Erläuterung**
рюкза́к	рю**г**за́к	stimmloses **к** wird zum stimmhaften **г**
футбо́л	фу**д**бо́л	stimmloses **т** wird zum stimmhaften **д**
хара́ктер	хара́**кт**ир	stimmloser Konsonant bleibt vor stimmlosen Konsonanten stimmlos
автома́т	а**ф**тама́т	stimmhaftes **в** wird zum stimmlosen **ф**
во́дка	во́**т**ка	stimmhaftes **д** wird zum stimmlosen **т**
дра́ма	**др**а́ма	stimmhafter Konsonant bleibt vor stimmhaften Konsonanten stimmhaft
пери́од флаг	пириа**т** фла**к**	stimmhafter Konsonant wird am Wortende immer stimmlos

Wortfeldübungen

Vertiefen Sie Ihre Schriftkenntnisse anhand der folgenden Wortfelder.

Zahlen

Kardinalzahlen:

1	оди́н	17	семна́дцать	101	сто оди́н
2	два	18	восемна́дцать	111	сто оди́ннадцать
3	три	19	девятна́дцать	200	две́сти
4	четы́ре	20	два́дцать	300	три́ста
5	пять	21	два́дцать оди́н	400	четы́реста
6	шесть	22	два́дцать два	500	пятьсо́т
7	семь	25	два́дцать пять	600	шестьсо́т
8	во́семь	30	три́дцать	700	семьсо́т
9	де́вять	31	три́дцать один	800	восемьсо́т
10	де́сять	40	со́рок	900	девятьсо́т
11	оди́ннадцать	50	пятьдеся́т	1000	ты́сяча
12	двена́дцать	60	шестьдеся́т	2000	две ты́сячи
13	трина́дцать	70	се́мьдесят	3000	три ты́сячи
14	четы́рнадцать	80	во́семьдесят	5000	пять ты́сяч
15	пятна́дцать	90	девяно́сто	6000	шесть ты́сяч
16	шестна́дцать	100	сто	10000	десять ты́сяч

Ordnungszahлен:

пе́рвый, пе́рвая, пе́рвое	*erster, erste, erstes*
второ́й, втора́я, второ́е	*zweiter, zweite, zweites*
тре́тий, тре́тья, тре́тье	*dritter, dritte, drittes*
четвёртый, четвёртая, четвёртое	*vierter, vierte, viertes*
пя́тый, пя́тая, пя́тое	*fünfter, fünfte, fünftes*
шесто́й, шеста́я, шесто́е	*sechster, sechste, sechstes*
седьмо́й, седьма́я, седьмо́е	*siebenter, siebente, siebentes*
восьмо́й, восьма́я, восьмо́е	*achter, achte, achtes*
девя́тый, девя́тая, девя́тое	*neunter, neunte, neuntes*
деся́тый, деся́тая, деся́тое	*zehnter, zehnte, zehntes*

Weitere Wörter aus der Zahlenwelt:

полови́на	*Hälfte*	миллио́н	*Million*
треть	*Drittel*	миллиа́рд	*Milliarde*
че́тверть	*Viertel*	ноль	*Null*
часть	*Teil*	плюс	*plus*
па́ра	*Paar*	ми́нус	*minus*
дю́жина	*Dutzend*	равно́	*gleich*

Schreiben Sie die Zahlen aus. Die Lösung finden Sie auf S. 89.

(Beispiel: 567 - *пятьсот шестьдесят семь*)

1. 48 - ______
2. 64 - ______
3. 92 - ______
4. 113 - ______
5. 235 - ______
6. 399 - ______
7. 481 - ______
8. 555 - ______
9. 644 - ______
10. 729 - ______
11. 814 - ______
12. 969 - ______
13. 1793 - ______
14. 2860 - ______
15. 4511 - ______
16. 1126596 - ______

Kalender

Bei Datumsangaben wird im Russischen der jeweilige Tag als Ordnungszahl im Neutrum (пе́рвое, двена́дцатое, два́дцать тре́тье usw.) mit der Genitivform des Monats kombiniert.

Monate (Nominativ- und Genitivform):

янва́рь, января́	*Januar*
февра́ль, февраля́	*Februar*
март, ма́рта	*März*
апре́ль, апре́ля	*April*
май, ма́я	*Mai*
ию́нь, ию́ня	*Juni*
ию́ль, ию́ля	*Juli*
а́вгуст, а́вгуста	*August*
сентя́брь, сентября́	*September*
октя́брь, октября́	*Oktober*
ноя́брь, ноября́	*November*
дека́брь, декабря́	*Dezember*

Wochentage:

понеде́льник	*Montag*
вто́рник	*Dienstag*
среда́	*Mittwoch*
четве́рг	*Donnerstag*
пя́тница	*Freitag*
суббо́та	*Samstag*
воскресе́нье	*Sonntag*

Übersetzen Sie in Schreibschrift. Die Lösung steht auf S. 89.

(Beispiel: *Heute ist Samstag, der einundzwanzigste Mai.* – *Сегодня суббота, двадцать первое мая.*)

1. *Heute ist Donnerstag, der zehnte September.*

___

2. *Heute ist Sonntag, der einunddreißigste Dezember.*

___

3. *Heute ist Dienstag, der sechsundzwanzigste Februar.*

___

4. *Heute ist Mittwoch, der zweite Januar.*

___

5. *Heute ist Montag, der siebzehnte August.*

___

6. *Heute ist Freitag, der dreißigste November.*

___

Jahreszeiten

Schreiben Sie unter jedes Foto die passende Jahreszeit in Schreibschrift.

весна́	*Frühling*	о́сень	*Herbst*
ле́то	*Sommer*	зима́	*Winter*

1. ________________ 2. ________________ 3. ________________ 4. ________________

Lösung: 1. весна 2. лето 3. осень 4. зима

Tageszeiten

Schreiben Sie die Tageszeiten in Schreibschrift.

у́тро ______________________________

день ______________________________

по́сле обе́да ______________________________

ве́чер ______________________________

ночь ______________________________

Lösung: утро, день, после обеда, вечер, ночь

Wortschatz:

Morgen – **у́тро** Tag – **день** Nachmittag – **по́сле обе́да** (eigentlich: nachmittags, wörtlich: nach dem Mittagessen) Abend – **ве́чер** Nacht – **ночь**

Russische Feiertage:

Но́вый Год	*Neujahr*	**Рождество́**	*Weihnachten*
Па́сха	*Ostern*	**Пе́рвое Ма́я**	*1. Mai*
Тро́ица	*Pfingsten*	**День Побе́ды**	*Tag des Sieges (9. Mai)*

Das Wort *Feiertag* heißt auf Russisch übrigens **пра́здник**.

Uhrzeit

вре́мя	*Zeit*	полови́на, пол-	*halb (eigtl. Hälfte)*
вчера́	*gestern*	полчаса́	*halbe Stunde*
за́втра	*morgen*	сего́дня	*heute*
мину́та	*Minute*	секу́нда	*Sekunde*
по́лдень	*Mittag*	час	*Stunde*
по́лночь	*Mitternacht*	че́тверть ча́са	*Viertelstunde*

Auf Russisch kann man die Uhrzeit, wie im Deutschen auch, auf verschiedene Weise angeben. Die genaue bzw. offizielle Formel lautet: „x Stunde(n) y Minute(n)". Die Nennung der Wörter „Stunde" (час) und „Minute" (мину́та) kann im umgangsprachlichen Gebrauch entfallen.
Bei einer Stunden- bzw. Minutenangabe, die mit der Zahl eins endet (**1** Uhr, 2**1** Uhr; 3**1** Minuten, 4**1** Minuten usw.), werden die Wörter час und мину́та in der Nominativform gebraucht. Bei Stunden- und Minutenangaben, die mit den Zahlen zwei, drei und vier enden (z. B. **2** Uhr, 2**3** Uhr usw.; 3**4** Minuten, 5**2** Minuten usw.), werden die Wörter час und мину́та im Genitiv Singular (часа́, мину́ты) gebraucht, in allen anderen Fällen – im Genitiv Plural (часо́в, мину́т).

Volle Stunden:

1:00 Uhr – (оди́н) час
2:00 Uhr – два часа́
3:00 Uhr – три часа́
4:00 Uhr – четы́ре часа́
5:00 Uhr – пять часо́в
6:00 Uhr – шесть часо́в
...
11:00 Uhr – оди́ннадцать часо́в
12:00 Uhr – двена́дцать часо́в
13:00 Uhr – трина́дцать часо́в
14:00 Uhr – четы́рнадцать часо́в
...
19:00 Uhr – девятна́дцать часо́в
20:00 Uhr – два́дцать часо́в
21:00 Uhr – два́дцать оди́н час
22:00 Uhr – два́дцать два часа́
23:00 Uhr – два́дцать три часа́
24:00 Uhr – два́дцать четы́ре часа́

Präzise Angaben (Stunden und Minuten):
1:10 Uhr – ein Uhr zehn Minuten – оди́н час де́сять мину́т
4:07 Uhr – vier Uhr sieben Minuten – четы́ре часа́ семь мину́т
6:18 Uhr – sechs Uhr achtzehn Minuten – шесть часо́в восемна́дцать мину́т

Umgangsprachliche Uhrzeitangaben:
7:15 Uhr – пятна́дцать мину́т восьмо́го – че́тверть восьмо́го = семь пятна́дцать
9:45 Uhr – без пятна́дцати де́сять – без че́тверти де́сять = де́вять со́рок пять
11.30 Uhr – полови́на двена́дцатого – пол двена́дцатого = оди́ннадцать часо́в три́дцать мину́т
Das Wort **без** bedeutet wörtlich „ohne" und erfordert den Genitiv Plural:
без десяти́ (мину́т) [ohne zehn (Minuten)] = zehn (Minuten) vor = x Uhr 50 Minuten
Ausnahme: Bei „eins" steht der Genitiv Singular: без одно́й мину́ты [ohne eine Minute]

Schreiben Sie die Uhrzeit in Schreibschrift auf. Die Lösungen finden Sie auf S. 89.

1. ________________________________

2. ________________________________

3. ________________________________

4. ________________________________

5. ________________________________

6. ________________________________

Weitere Wörter und Wendungen rund um die Zeit

Ско́лько вре́мени?	*Wie spät ist es?*
сейча́с	*jetzt*
ро́вно	*genau*
о́коло	*ungefähr*
Сейча́с ро́вно ___ часо́в.	*Es ist jetzt genau ___ Uhr.*
ра́но, ра́ньше	*früh, früher*
сли́шком ра́но	*zu früh*
по́здно, по́зже	*spät, später*
сли́шком по́здно	*zu spät*
Ещё ра́но.	*Es ist noch früh.*
Уже́ по́здно.	*Es ist schon spät.*
Пора́.	*Es ist Zeit.*
Мне пора́ идти́.	*Für mich ist es Zeit zu gehen.*
Когда́ на́до идти́?	*Wann müssen wir gehen?*
У меня́ нет часо́в.	*Ich habe keine Uhr.*
Мои́ часы́ отстаю́т на ___ мину́т.	*Meine Uhr geht um ___ Minuten nach.*
Мои́ часы́ спеша́т на ___ мину́т.	*Meine Uhr geht um ___ Minuten vor.*
Я опа́здываю.	*Ich verspäte mich.*

Bilden Sie Minidialoge unter Verwendung der Zeitangaben und der obigen Redewendungen, und schreiben Sie sie in Schreibschrift auf. Beispiellösungen finden Sie auf Seite 89.

A: ______________________________

B: ______________________________

A: ______________________________

B: ______________________________

C: ______________________________

D: ______________________________

C: ______________________________

D: ______________________________

E: ______________________________

F: ______________________________

E: ______________________________

F: ______________________________

Eigenschaften (Adjektive)

большóй	*groß*	нúзкий	*niedrig*
весёлый	*fröhlich*	плохóй	*schlecht*
высóкий	*hoch*	свéтлый	*hell*
горя́чий	*heiß*	скýчный	*langweilig*
грýстный	*traurig*	слáбый	*schwach*
длúнный	*lang*	твёрдый	*hart*
интерéсный	*interessant*	тёмный	*dunkel*
корóткий	*kurz*	тóлстый	*dick*
красúвый	*schön*	ýзкий	*schmal*
сúльный	*stark*	холóдный	*kalt*
мáленький	*klein*	хорóший	*gut*
мя́гкий	*weich*	худóй	*dünn*
некрасúвый	*häßlich*	ширóкий	*breit*

Schreiben Sie die Wörter nochmals in Schreibschrift, und fügen Sie das Adjektiv, das das Gegenteil ausdrückt, hinzu. Die Lösungen finden Sie auf S. 89.

(Beispiel: *большой – маленький*)

1. ширóкий - ____________________ - ____________________
2. тёмный - ____________________ - ____________________
3. мя́гкий - ____________________ - ____________________
4. корóткий - ____________________ - ____________________
5. холóдный - ____________________ - ____________________
6. интерéсный - ____________________ - ____________________
7. нúзкий - ____________________ - ____________________
8. тóлстый - ____________________ - ____________________
9. весёлый - ____________________ - ____________________
10. плохóй - ____________________ - ____________________
11. красúвый - ____________________ - ____________________
12. слáбый - ____________________ - ____________________

Farben

цвет	*Farbe*	ора́нжевый	*orange*
бе́лый	*weiß*	пёстрый	*bunt*
голубо́й	*himmelblau*	ро́зовый	*rosa*
жёлтый	*gelb*	сере́бряный	*silbern*
зелёный	*grün*	се́рый	*grau*
золото́й	*golden*	си́ний	*dunkelblau*
кори́чневый	*braun*	фиоле́товый	*violett*
кра́сный	*rot*	чёрный	*schwarz*

Symbolik der Farben

Einige Farben haben in der russischen Kultur und Sprache besondere Bedeutung erlangt. Drei davon lassen sich anhand der russischen Flagge (weiß-blau-rot) interpretieren: Weiß steht für Edelmut, Offenheit, Göttlichkeit und Unschuld. Blau ist die Farbe der Gottesmutter, die in Russland besonders verehrt wird. Sie drückt Treue, Ehrlichkeit und Makellosigkeit aus. Rot bezeichnet Mut, Kühnheit, Großmut und Liebe. Auch andere Farben haben ihre Symbolik, z. B. steht Schwarz für Tod und Trauer, Gold steht für die Sonne und die Freude, Rosa drückt Zärtlichkeit und Sympathie aus.

Ordnen Sie den Farben Gelb und Grün die folgenden Begriffe zu, die Sie damit verbinden. Schreiben Sie in Druckschrift.

за́висть Neid　　разлу́ка Trennung　　дру́жба Freundschaft
незре́лость Unreife　　споко́йствие Ruhe　　наде́жда Hoffnung

Gelb

____
____
____

Grün

____
____
____

Lösung: Beide Farben werden sowohl mit Positivem als auch Negativem verbunden. Lösungsvorschlag: Gelb: разлу́ка, дру́жба; Grün: за́висть, незре́лость, споко́йствие, наде́жда

Länder

А́встрия	*Österreich*	Испа́ния	*Spanien*	США	*USA*
Бе́льгия	*Belgien*	Ита́лия	*Italien*	Ту́рция	*Türkei*
Болга́рия	*Bulgarien*	Кана́да	*Kanada*	Украи́на	*Ukraine*
Ве́нгрия	*Ungarn*	Кита́й	*China*	Финля́ндия	*Finnland*
Герма́ния	*Deutschland*	По́льша	*Polen*	Фра́нция	*Frankreich*
Голла́ндия	*Niederlande*	Португа́лия	*Portugal*	Швейца́рия	*Schweiz*
Гре́ция	*Griechenland*	Росси́я	*Russland*	Шве́ция	*Schweden*
И́ндия	*Indien*	Румы́ния	*Rumänien*	Япо́ния	*Japan*

Schreiben Sie die Ländernamen in Druckschrift unter die Flaggen. Für den Fall, dass Sie sich mit Flaggen nicht auskennen, steht der Ländername in Schreibschrift dabei.

Швейцария

1. ______________________

Швеция

2. ______________________

Испания

3. ______________________

Германия

4. ______________________

Япония

5. ______________________

Финляндия

6. ______________________

Lösung: 1. Швейцария 2. Швеция 3. Испания 4. Германия 5. Япония 6. Финляндия

Stadt, Land, Fluss ...

аэропо́рт	*Flughafen*	переу́лок	*Gasse*
вокза́л	*Bahnhof*	пло́щадь	*Platz*
го́род	*Stadt*	порт	*Hafen*
дере́вня	*Dorf*	при́город	*Vorort*
дом	*Haus*	село́	*Siedlung*
доро́га	*Weg*	столи́ца	*Hauptstadt*
зда́ние	*Gebäude*	у́лица	*Straße*
кварта́л	*Stadtviertel*	фона́рь	*Straßenlaterne*
мост	*Brücke*	центр	*Zentrum*
перекрёсток	*Kreuzung*	це́рковь	*Kirche*

Schauen Sie sich die Bilder an, und tragen Sie die passenden Bezeichnungen in Schreibschrift ein.

1. ____________________ 2. ____________________ 3. ____________________

4. ____________________ 5. ____________________ 6. ____________________

Lösung: 1. мост 2. церковь 3. порт 4. дом 5. улица 6. фонарь

бéрег	*Ufer*
вершúна	*Bergspitze*
горá	*Berg*
долúна	*Tal*
залúв	*Bucht*
мóре	*Meer*
óзеро	*See*
океáн	*Ozean*
óстров	*Insel*
пляж	*(Bade-)Strand*
полуóстров	*Halbinsel*
равнúна	*Ebene*
рекá	*Fluss*
склон	*Berghang*
холм	*Hügel*
хребéт	*Berggrat*

Schreiben Sie unter jedes Foto den richtigen russischen Begriff in Druck- und in Schreibschrift.

1. ______________________ 2. ______________________ 3. ______________________

4. ______________________ 5. ______________________ 6. ______________________

Lösung: 1. река, *река*; 2. гора, *гора*; 3. пляж, *пляж*; 4. озеро, *озеро*; 5. море, *море*; 6. остров, *остров*

Himmlisches

Wettererscheinungen:

бу́ря	*Sturm*
ве́тер	*Wind*
град	*Hagel*
гроза́	*Gewitter*
дождь	*Regen*
жара́	*Hitze*
и́ней	*Raureif*
лёд	*Eis*
ли́вень	*Schauer*
мете́ль	*Schneesturm*
о́блако	*Wolke*
оса́дки	*Niederschläge*
пого́да	*Wetter*
снег	*Schnee*
со́лнечная пого́да	*sonniges Wetter*
температу́ра	*Temperatur*
тума́н	*Nebel*
хо́лод	*Kälte*

Himmelserscheinungen:

восхо́д со́лнца	*Sonnenaufgang*
захо́д со́лнца, зака́т	*Sonnenuntergang*
звезда́, звёзды	*Stern, Sterne*
земля́	*Erde*
коме́та	*Komet*
луна́	*Mond*
не́бо	*Himmel*
плане́та	*Planet*
се́верное (поля́рное) сия́ние	*Nordlicht, Polarlicht*
со́лнце	*Sonne*
су́мерки	*Dämmerung*

Üben Sie folgende Wetterbegriffe in Schreibschrift.

1. ве́тер ____________________
2. град ____________________
3. гроза́ ____________________
4. дождь ____________________
5. и́ней ____________________
6. о́блако ____________________
7. снег ____________________
8. со́лнце ____________________
9. тума́н ____________________

Lösung: 1. ветер 2. град 3. гроза 4. дождь 5. иней 6. облако 7. снег 8. солнце 9. туман

Tragen Sie die Himmelsrichtungen mit Schreibschrift in die Windrose ein.

се́вер	*Norden*	се́веро-восто́к	*Nordosten*
юг	*Süden*	се́веро-за́пад	*Nordwesten*
восто́к	*Osten*	ю́го-восто́к	*Südosten*
за́пад	*Westen*	ю́го-за́пад	*Südwesten*

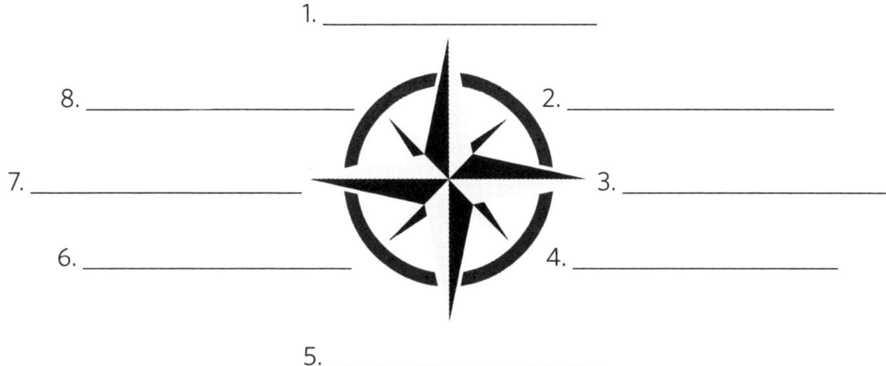

Lösung: 1. север, 2. северо-восток, 3. восток, 4. юго-восток, 5. юг, 6. юго-запад, 7. запад, 8. северо-запад

Ordnen Sie den zwei Jahreszeiten passende Wettererscheinungen zu.

зима́	ле́то
____________	*солнечная погода*
____________	____________
____________	____________
____________	____________

Lösungsmöglichkeit: зима́: лёд, метель, осадки, снег, туман, холод; **ле́то:** град, гроза, дождь, жара

Tiere

аку́ла	*Hai*
бе́лка	*Eichhörnchen*
бегемо́т	*Nilpferd*
волк	*Wolf*
во́рон	*Rabe*
гу́сь	*Gans*
за́яц	*Hase*
ко́шка	*Katze*
канаре́йка	*Kanarienvogel*
кит	*Walfisch*
коро́ва	*Kuh*
лев	*Löwe*
ло́шадь	*Pferd*
лиса́	*Fuchs*
обезья́на	*Affe*
осёл	*Esel*
попуга́й	*Papagei*
селёдка	*Hering*
слон	*Elefant*
соба́ка	*Hund*
солове́й	*Nachtigall*
хомя́к	*Hamster*
черепа́ха	*Schildkröte*
щу́ка	*Hecht*

Schreiben Sie die Tiernamen in Schreibschrift unter das entsprechende Bild.

1. ____________ 2. ____________ 3. ____________

4. ____________ 5. ____________ 6. ____________

Lösung: 1. лошадь 2. осёл 3. заяц 4. кошка 5. корова 6. собака

Hier üben Sie weitere Tiernamen. Schreiben Sie dieses Mal die russische Übersetzung in Druckschrift, und überprüfen Sie Ihre Ergebnisse mithilfe der Wortliste auf Seite 52.

1. Hai ______________________________
2. Eichhörnchen ______________________________
3. Nilpferd ______________________________
4. Wolf ______________________________
5. Rabe ______________________________
6. Gans ______________________________
7. Kanarienvogel ______________________________
8. Walfisch ______________________________
9. Löwe ______________________________
10. Fuchs ______________________________
11. Affe ______________________________
12. Papagei ______________________________
13. Hering ______________________________
14. Elefant ______________________________
15. Nachtigall ______________________________
16. Hamster ______________________________
17. Schildkröte ______________________________
18. Hecht ______________________________

Russische Namen

In Russland besteht der vollständige Name aus dem **Vornamen**, dem **Vatersnamen** und dem **Nachnamen**. Der Vatersname (Patronymikon) wird aus dem Vornamen des Vaters gebildet, wobei an den Stamm dieses Vornamens eine bestimmte Endung angehängt wird (bei Männern in der Regel -евич oder -ович, bei Frauen: -евна oder -овна).

Klassische männliche Vornamen (mit Verkleinerungsformen):

Алекса́ндр (Са́ша)
Алексе́й (Алёша)
Андре́й
Васи́лий (Ва́ся)
Ви́ктор (Ви́тя)
Влади́мир (Воло́дя)
Дми́трий (Ди́ма)
Евге́ний (Же́ня)
Ива́н (Ва́ня)
Константи́н (Ко́стя)
Лев
Михаи́л (Ми́ша)
Никола́й (Ко́ля)
Па́вел (Па́ша)
Пётр (Пе́тя)
Серге́й (Серёжа)
Фёдор (Фе́дя)
Ю́рий (Ю́ра)

Die daraus gebildeten Vatersnamen (männliche/weibliche Form):

Алекса́ндрович/Алекса́ндровна
Алексе́евич/Алексе́евна
Андре́евич/Андре́евна
Васи́льевич/Васи́льевна
Ви́кторович/Ви́кторовна
Влади́мирович/Влади́мировна
Дми́триевич/Дми́триевна
Евге́ньевич/Евге́ньевна
Ива́нович/Ива́новна
Константи́нович/Константи́новна
Льво́вич/Льво́вна
Миха́йлович/Миха́йловна
Никола́евич/Никола́евна
Па́влович/Па́вловна
Петро́вич/Петро́вна
Серге́евич/Серге́евна
Фёдорович/Фёдоровна
Ю́рьевич/Ю́рьевна

Klassische weibliche Vornamen (mit Verkleinerungsformen):

Анастаси́я (На́стя)
А́нна (А́ня)
Ве́ра
Да́рья (Да́ша)
Евге́ния (Же́ня)
Екатери́на (Ка́тя)
Еле́на (Ле́на)
Елизаве́та (Ли́за)
Лари́са
Мари́на
Мари́я (Ма́ша)
Наде́жда (На́дя)
Ната́лья (Ната́ша)
Ни́на
Окса́на
О́льга (О́ля)
Светла́на (Све́та)
Тама́ра (То́ма)
Татья́на (Та́ня)
Ю́лия (Ю́ля)

Häufig vorkommende Nachnamen (männliche/weibliche Form):

Богда́нов/Богда́нова
Дми́триев/Дми́триева
Ивано́в/Ивано́ва
Кузнецо́в/Кузнецо́ва
Моро́зов/Моро́зова
Ники́тин/Ники́тина
Но́виков/Но́викова
Па́влов/Па́влова
Петро́в/Петро́ва
Пло́тников/Пло́тникова
Соколо́в/Соколо́ва
Соловьёв/Соловьёва
Столяро́в/Столяро́ва
Успе́нский/Успе́нская
Фёдоров/Фёдорова

Sicherlich möchten Sie auch Ihren Namen auf Russisch schreiben. Üben Sie mal mit den folgenden männlichen und weiblichen Vornamen. Versuchen Sie, sie in die russische Druckschrift und Schreibschrift zu übertragen.

Leonard ______________________	Hannah ______________________
Emil ______________________	Emma ______________________
Felix ______________________	Sophia ______________________
Jonas ______________________	Ronja ______________________
Elias ______________________	Finja ______________________
Linus ______________________	Alina ______________________
Ruven ______________________	Charlotte ______________________
Moritz ______________________	Leonie ______________________

Lösung: Леонард, *Леонард*; Эмиль, *Эмиль*; Феликс, *Феликс*; Йонас, *Йонас*; Элиас, *Элиас*; Линус, *Линус*; Рувэн, *Рувэн*; Мориц, *Мориц*
Ханна, *Ханна*; Эмма, *Эмма*; София, *София*; Роня/Рони, *Роня/Рони*; Финя, *Финя*; Алина, *Алина*; Шарлотта, *Шарлотта*; Леони, *Леони*

Russische Schriftsteller

Алекса́ндр Серге́евич Пу́шкин
Никола́й Васи́льевич Го́голь
Михаи́л Ю́рьевич Ле́рмонтов
Ива́н Серге́евич Турге́нев
Фёдор Миха́йлович Достое́вский
Лев Никола́евич Толсто́й
Анто́н Па́влович Че́хов
Алекса́ндр Алекса́ндрович Блок
А́нна Андре́евна Ахма́това
Михаи́л Афана́сьевич Булга́ков
Влади́мир Влади́мирович Набо́ков
Алекса́ндр Иса́евич Солжени́цын

Schreiben Sie die Namen in russischer Druckschrift neben die eingedeutschten Namen. Danach können Sie Ihre Ergebnisse mit der Wortliste oben vergleichen.

1. ______________________________

____

Alexander Puschkin
1799 - 1837

Nikolai Gogol
1809 - 1852

2. ______________________________

____

3. ______________________________

____

Michail Lermontov
1814 - 1841

Iwan Turgenew
1818 - 1883

4. ______________________________

____

5. ______________________________

____

Fjodor Dostojewski
1821 - 1881

Anton Tschechow
1860 - 1904

6. ______________________________

____

7. ______________________________

____

Lew Tolstoi
1828 - 1910

Alexander Blok
1880 - 1921

8. ______________________________

____

9. ______________________________

____

Anna Achmatowa
1889 - 1966

Michail Bolgakow
1891 - 1940

10. ______________________________

____

11. ______________________________

____

Wladimir Nabokow
1870 - 1922

Alexander
Solschenizyn
1918 - 2008

12. ______________________________

____

Essen und Trinken

Mahlzeiten:

за́втрак *Frühstück* обе́д *Mittagessen* у́жин *Abendessen*

Lebensmittel:

бу́лочка	*Brötchen*
ветчина́	*Schinken*
горчи́ца	*Senf*
йо́гурт	*Joghurt*
капу́ста	*Kohl*
колбаса́	*Wurst*
пти́ца	*Geflügel bzw. Vogel*
макаро́ны	*Nudeln*
ма́сло (расти́тельное)	*Pflanzenöl*
ма́сло (сли́вочное)	*Butter*
мя́со	*Fleisch*
о́вощи	*Gemüse*
паште́т	*Pastete*
пе́рец	*Pfeffer*
пече́нье	*Kekse*
рис	*Reis*
ры́ба	*Fisch*
сли́вки	*Sahne, Rahm*
смета́на	*saure Sahne*
соль	*Salz*
соси́ски	*Würstchen*
сыр	*Käse*
творо́г	*Quark*
у́ксус	*Essig*
фру́кты	*Obst, Früchte*
хлеб	*Brot*
хрен	*Meerrettich*
шокола́д	*Schokolade*

Was kaufen Sie heute ein? Schreiben Sie Ihre Einkaufsliste doch mal auf Russisch!

Lösung für alle genannten Lebensmittel: *булочка, ветчина, горчица, йогурт, капуста, колбаса, птица, макароны, масло (растительное), масло (сливочное), мясо, овощи, паштет, перец, печенье, рис, рыба, сливки, сметана, соль, сосиски, сыр, творог, уксус, фрукты, хлеб, хрен, шоколад*

Getränke:

вино́	*Wein*	лимона́д	*Limonade*
вода́	*Wasser*	минера́льная вода́	*Mineralwasser*
во́дка	*Wodka*	молоко́	*Milch*
квас	*Kwas* (ein Brotgetränk)	пи́во	*Bier*
кефи́р	*Kefir*	сок	*Saft*
ликёр	*Likör*	шампа́нское	*Sekt*

Tragen Sie die Bezeichnungen der Getränke unter den entsprechenden Abbildungen in Druck- und Schreibschrift ein.

1. ____________________

____

2. ____________________

____

3. ____________________

____

4. ____________________

____

5. ____________________

____

6. ____________________

____

Lösung: 1. молоко́ *молоко* 2. пи́во *пиво* 3. шампа́нское *шампанское*
4. вода́ *вода* 5. вино́ *вино* 6. сок *сок*

Einkaufen

бу́лочная	*Bäckerei*
весы́	*Waage*
ка́сса	*Kasse*
клие́нт, покупа́тель	*Kunde, Klient*
конди́терская	*Konditorei*
консе́рвы	*Konserven*
корзи́нка	*(Einkaufs-)Korb*
магази́н	*Geschäft*
мясни́к	*Fleischer*
напи́тки	*Getränke*
отде́л	*Abteilung*
о́чередь	*Schlange*
поку́пки	*Einkäufe*
по́лка	*Regal*
припра́ва	*Gewürz*
продаве́ц	*Verkäufer*
продавщи́ца	*Verkäuferin*
ры́нок	*Markt*
стенд, ла́вка	*Stand*
теле́жка	*(Einkaufs-)Wagen*
това́р	*Ware*
универма́г	*Kaufhaus*
упако́вка	*Verpackung*
цена́	*Preis*

Üben Sie hier einige der Begriffe in Schreibschrift.

1. бу́лочная ______
2. конди́терская ______
3. магази́н ______
4. напи́тки ______
5. припра́ва ______
6. продавщи́ца ______
7. ры́нок ______
8. теле́жка ______
9. универма́г ______
10. цена́ ______

Lösung: 1. булочная 2. кондитерская 3. магазин 4. напитки 5. приправа 6. продавщица 7. рынок 8. тележка 9. универмаг 10. цена

Auf dem Wochenmarkt

Obst – Фру́кты:

абрико́сы	*Aprikosen*
анана́с	*Ananas*
апельси́н	*Apfelsine*
арбу́з	*Wassermelone*
бана́ны	*Bananen*
виногра́д	*Weintrauben*
ви́шня	*Sauerkirschen*
гру́ша	*Birne*
ды́ня	*Melone*
клубни́ка	*Erdbeeren*
лимо́н	*Zitrone*
мали́на	*Himbeeren*
оре́хи	*Nüsse*
пе́рсики	*Pfirsiche*
сли́вы	*Pflaumen*
фунду́к	*Haselnüsse*
чере́шня	*Kirschen*
я́блоки	*Äpfel*

Gemüse – О́вощи:

горо́шек	*Erbsen*
грибы́	*Pilze*
капу́ста	*Kohl*
карто́фель	*Kartoffeln*
кукуру́за	*Mais*
лук	*Zwiebel*
морко́вь	*Möhren*
огурцы́	*Gurken*
петру́шка	*Petersilie*
помидо́ры	*Tomaten*
реди́с	*Radieschen*
сала́т	*Salat*
спа́ржа	*Spargel*
укро́п	*Dill*
фасо́ль	*Bohnen*
чесно́к	*Knoblauch*

Schreiben Sie Ihre Zutaten für eine Gemüsesuppe auf.

1. ______________________________
2. ______________________________
3. ______________________________
4. ______________________________
5. ______________________________

Schreiben Sie Ihre Zutaten für einen Obstsalat auf.

1. ______________________________
2. ______________________________
3. ______________________________
4. ______________________________
5. ______________________________

Lösungsmöglichkeiten auf Seite 89.

Speisekarte

Hier sind Speisen, die Sie auf einer меню́ – Speisekarte im Restaurant finden können. Ergänzen Sie die Wörter an der entsprechenden Stelle auf der Speisekarte in Schreibschrift.

бифште́кс	*Steak*	сала́т мясно́й "Оливье́"	*Oliviersalat*
блины́	*Pfannkuchen*	свини́на	*Schweinefleisch*
борщ	*Borschtsch*	селёдка	*(Salz-)Hering*
винегре́т	*Kartoffelsalat mit Möhren, Roter Bete, Zwiebel, Gurken und Erbsen*	соля́нка	*Soljanka (säuerlich-scharfe Suppe)*
гарни́р	*Beilage*	торт	*Torte*
жарко́е	*(Rinder-)Braten*	уха́	*Fischsuppe*
ка́мбала	*Scholle, Flunder*	форе́ль	*Forelle*
карто́фель-фри	*Pommes frites*	фру́кты	*Obst*
котле́та	*Frikadelle*	цветна́я капу́ста	*Blumenkohl*
ку́рица	*Hähnchen*	шашлы́к	*Schaschlik*
моро́женое	*Eis*	шни́цель	*Schnitzel*
овощно́й суп	*Gemüsesuppe*	щу́ка	*Hecht*
пельме́ни	*Pelmeni/Maultaschen*	щи	*Schtschi (Kohlsuppe)*
пиро́жное	*Kuchen*	я́блочный пиро́г	*Apfelkuchen*
пюре́	*Kartoffelpüree*	яйцо́ с икро́й	*Ei mit Kaviar*
ры́бные па́лочки	*Fischstäbchen*		

Заку́ски (Vorspeisen)

....

Супы́ (Suppen)

....

Вторы́е блю́да (Hauptspeisen)

о́вощи (Gemüse)	мя́со (Fleisch)	ры́ба (Fisch)
....	....	....
....	....	....
....	....	....
....	....	....

Десе́рты (Nachspeisen)

....

....

Lösung auf Seite 90.

Bäume

де́рево, дере́вья	*Baum, Bäume*	кашта́н	*Kastanienbaum*
ли́ственное де́рево	*Laubbaum*	клён	*Ahorn*
хво́йное де́рево	*Nadelbaum*	куст/куста́рник	*Busch/Strauch*
ака́ция	*Akazie*	лес	*Wald*
берёза	*Birke*	ли́па	*Linde*
бук	*Buche*	ли́ственница	*Lärche*
дуб	*Eiche*	плата́н	*Platane*
ель, ёлка	*Fichte, Tanne*	сосна́	*Kiefer*

Jetzt sind Ihre Botanik-Kenntnisse gefragt. Können Sie anhand der Fotos vier der am häufigsten in Russland vorkommenden Baumarten bestimmen? Schreiben Sie ihre russischen Namen in Schreibschrift darunter.

1. ____________________

2. 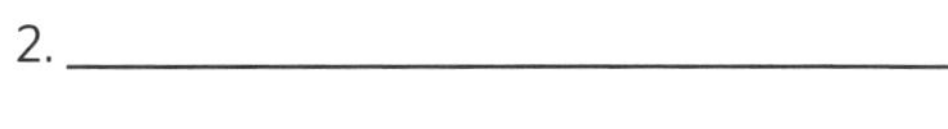

3. ____________________

4. ____________________

Lösung: 1. лиственница 2. ель/ёлка 3. берёза 4. сосна

Blumen

цвето́к, цветы́	*Blume, Blumen*
а́стра	*Aster*
гвозди́ка	*Nelke*
ли́лия	*Lilie*
мак	*Mohn*
нарци́сс	*Narzisse*
незабу́дка	*Vergissmeinnicht*
орхиде́я	*Orchidee*
подсо́лнечник	*Sonnenblume*
ро́за	*Rose*
сире́нь	*Flieder*
тюльпа́н	*Tulpe*
фиа́лка	*Veilchen*
хризанте́ма	*Chrysantheme*

Schreiben Sie die Bezeichnungen der Blumen in Druckschrift unter die Fotos.

1. ______________________ 2. ______________________ 3. ______________________

Lösung: 1. ро́за 2. подсо́лнечник 3. тюльпа́н

Lasst Blumen sprechen

Blumen sind in Russland sehr beliebt, vor allem bei Frauen. Am häufigsten werden Rosen verschenkt. Am internationalen Frauentag am 8. März schenkt man saisonbedingt Tulpen, zum offiziellen Schulbeginn am 1. September erhalten viele Lehrerinnen und Lehrer Chrysanthemen oder Astern.

Die Anzahl der Blumen in einem Strauß spielt in Russland eine besondere Rolle. Sträuße mit einer geraden Zahl von Blumen sind nur bei Beerdigungen beziehungsweise Friedhofsbesuchen angebracht. Wenn Sie dagegen jemandem einen Strauß schenken möchten, bringen Sie stets eine ungerade Zahl an Blumen mit. Dabei spielt es auch eine Rolle, wie groß der Strauß ist: Eine einzelne Blume drückt Aufmerksamkeit gegenüber dem oder der Beschenkten aus, mit einem Strauß aus drei Blumen erweist man dem Gegenüber Respekt, fünf Blumen bedeuten Liebe, sieben Blumen bekunden Leidenschaft, und neun Blumen symbolisieren Entzückung.

Wohnung und Mobiliar

балко́н	*Balkon*	кабине́т	*Arbeitszimmer*
ва́нная	*Badezimmer*	ку́хня	*Küche*
гости́ная	*Wohnzimmer*	спа́льня	*Schlafzimmer*
де́тская	*Kinderzimmer*	туале́т	*Toilette*

Schreiben Sie die Wörter nochmals in Schreibschrift auf.

балко́н ______________________ кабине́т ______________________

ва́нная ______________________ ку́хня ______________________

гости́ная ______________________ спа́льня ______________________

де́тская ______________________ туале́т ______________________

Lösung: *балкон, ванная, гостиная, детская, кабинет, кухня, спальня, туалет*

In welchem Raum möchten Sie folgendes Mobiliar platzieren? Mögliche Lösungen finden Sie auf S. 90.

буфе́т, витри́на, дива́н, кре́сло, компью́тер, крова́ть, ку́хонный шкаф, ла́мпа, пи́сьменный стол, ра́ковина, при́нтер, по́лка, ра́дио, сте́нка, стира́льная маши́на, стол, торше́р, стул, телеви́зор, телефо́н, холоди́льник, шкаф, умыва́льник

1. ку́хня ______________________
____
____

2. ва́нная ______________________
____
____

3. кабине́т ______________________
____
____

4. спа́льня ______________________
____
____

5. гости́ная ______________________
____
____

6. де́тская ______________________
____
____

Lösungsmöglichkeiten auf Seite 90.

Wortschatz:

буфе́т – *Anrichte* витри́на – Vitrine кре́сло – *Sessel* компью́тер – *Computer* крова́ть – *Bett* ку́хонный шкаф – *Küchenschrank* пи́сьменный стол – *Schreibtisch* ра́ковина *Spül-/Waschbecken* сте́нка – *Wand, Schrankwand* стира́льная машина – *Waschmaschine* стол – *Tisch* табуре́тка – *Hocker* торше́р – *Stehlampe* стул – Stuhl холодильник – *Kühlschrank* шкаф – *Schrank* умыва́льник – *Waschbecken im Bad*

Kleidung und Accessoires

браслéт	*Armband*	пиджáк	*Sakko*
брю́ки	*Hose*	плáтье	*Kleid*
бýсы	*Halskette*	ремéнь	*Ledergürtel*
жилéт	*Weste*	рубáшка	*Hemd*
колгóтки	*Strumpfhosen*	сандáли	*Sandalen*
кольцó	*Ring*	тýфли	*Schuhe*
кóфта	*Strickjacke*	халáт	*Bademantel*
кýртка	*Jacke, Windjacke*	чулки́	*Strümpfe*
футбóлка	*T-Shirt*	шарф	*Schal*
носки́	*Socken*	шля́па	*Hut*
перчáтки	*Handschuhe*	ю́бка	*Rock*

Schreiben Sie die Bezeichnungen für die Kleidungsstücke in Schreibschrift unter das entsprechende Bild.

1. ________________

2. ________________

3. ________________

4. ________________

5. ________________

6. ________________

7. ________________

8. ________________

Lösung: 1. брюки, 2. пиджак, 3. футболка, 4. носки, 5. платье, 6. рубашка, 7. юбка, 8. ремень

Versuchen Sie sich jetzt an die Bezeichnungen der Kleidungsstücke zu erinnern. Schreiben Sie die gesuchten Wörter in großen Druckbuchstaben in das Kreuzworträtsel. Viel Glück!

Vertikal:

1. Armband
3. Rock
5. Strickjacke
7. Strumpfhosen
9. Sakko

Horizontal:

2. Hose
4. Ring
6. Schuhe
8. Handschuhe
10. Windjacke
11. Bademantel

Lösungen: 1. БРАСЛЕТ, 2. БРЮКИ, 3. ЮБКА, 4. КОЛЬЦО, 5. КОФТА, 6. ТУФЛИ, 7. КОЛГОТКИ, 8. ПЕРЧАТКИ, 9. ПИДЖАК, 10. КУРТКА, 11. ХАЛАТ

Sportarten

альпини́зм	*Alpinismus*	ко́нный спорт	*Reitsport*
бадминто́н	*Federball*	лёгкая атле́тика	*Leichtathletik*
баскетбо́л	*Basketball*	лы́жный спорт	*Skisport*
бег	*Laufen*	парашюти́зм	*Fallschirmspringen*
бобсле́й	*Bob, Schlittensport*	па́русный спорт	*Segelsport*
бокс	*Boxen*	пла́вание	*Schwimmen*
борьба́	*Ringen*	прыжки́ в высоту́	*Hochsprung*
велоспо́рт	*Radsport*	прыжки́ в длину́	*Weitsprung*
во́дное по́ло	*Wasserpolo*	стрельба́	*Schießen*
волейбо́л	*Volleyball*	тройно́й прыжо́к	*Dreisprung*
гимна́стика	*Gymnastik*	фехтова́ние	*Fechten*
гольф	*Golf*	фигу́рное ката́ние	*Eislaufen*
гре́бля	*Rudern*	футбо́л	*Fußball*
дзюдо́	*Judo*	хокке́й	*Hockey*
карата́	*Karate*	ша́хматы	*Schachspiel*

Schreiben Sie die Bezeichnung der Sportart in Schreibschrift neben das entsprechende Bild.

1. ____

2. ____

3. ____

4. ____

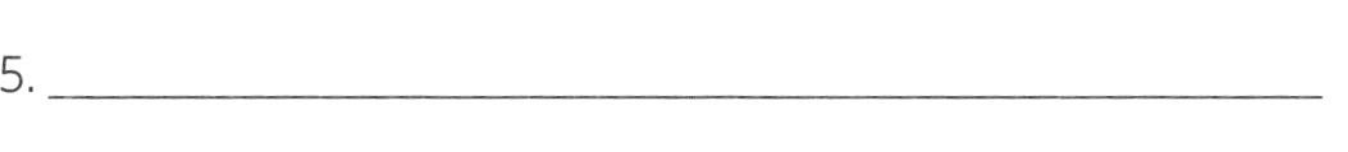

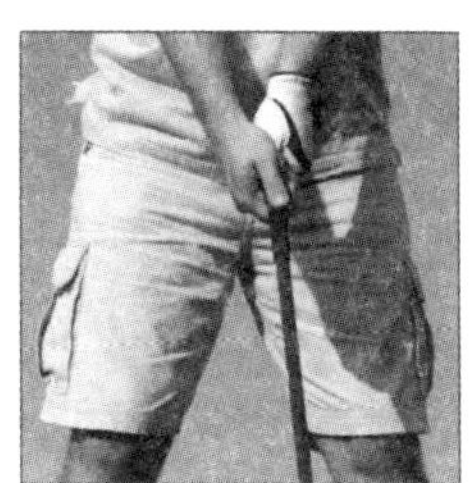

5. ______________________________

6. ______________________________

7. ______________________________

8. ______________________________

9. ______________________________

10. ______________________________

Lösung: 1. бокс, 2. велоспорт, 3. баскетбол, 4. бег, 5. гольф, 6. гребля, 7. карате, 8. лыжный спорт, 9. плавание, 10. футбол

Finden Sie im Buchstabengitter sechs Sportarten; schreiben Sie sie heraus.

1. ______________________________

2. ______________________________

3. ______________________________

4. ______________________________

5. ______________________________

6. ______________________________

а	л	ь	п	и	н	и	з	м
д	ш	т	щ	ф	й	я	д	о
з	б	о	р	ь	б	а	щ	б
ю	г	а	ю	я	у	п	щ	ы
д	а	г	х	о	к	к	е	й
о	ж	к	а	о	р	л	ё	ю
м	с	т	р	е	л	ь	б	а
б	а	д	м	и	н	т	о	н

Lösung auf Seite 90.

Wie gut kennen Sie sich im Sport aus? Die folgenden Fragen beziehen sich auf Sportarten, die Sie auf Seite 69 kennen gelernt haben. Schreiben Sie die Antworten auf Russisch in Druckschrift und in Schreibschrift auf.

1. Bei welcher Sportart sind immer Tiere dabei? ______________________________

2. Bei welcher Sportart springt man nicht hoch, sondern tief? ______________________________

3. Welcher Sport endet oft mit einem blauen Auge? ______________________________

4. Bei welchem Sport bewegt man sich wohl am wenigsten? ______________________________

5. Zu welcher Sportart gehören бег, прыжки́ в высоту́ und прыжки́ в длину́?

____

Lösung: 1. конный спорт, *конный спорт*; 2. парашютизм, *парашютизм*; 3. бокс, *бокс*; 4. шахматы, *шахматы*; 5. лёгкая атлетика, *лёгкая атлетика*

Verwandte

(Nominativ- und Genitivform)

женá, жены́	*Ehefrau*
муж, му́жа	*Ehemann*
мать, мáтери	*Mutter*
мáма, мáмы	*Mama*
отéц, отцá	*Vater*
пáпа, пáпы	*Papa*
мáчеха, мáчехи	*Stiefmutter*
óтчим, óтчима	*Stiefvater*
дочь, дóчери	*Tochter (gehoben)*
дóчка, дóчки	*Tochter (umgangssprachlich)*
сын, сы́на	*Sohn*
сестрá, сестры́	*Schwester*
брат, брáта	*Bruder*
бáбушка, бáбушки	*Großmutter, Oma*
дед, дéда	*Großvater*
дéдушка, дéдушки	*Opa*
внук, вну́ка	*Enkel*
вну́чка, вну́чки	*Enkelin*
прабáбушка, прабáбушки	*Urgroßmutter*
прáдед, прáдеда	*Urgroßvater*
прáвнучка, прáвнучки	*Urenkelin*
прáвнук, прáвнука	*Urenkel*
свекрóвь, свекрóви	*Schwiegermutter (Mutter des Ehemanns)*

свёкор, свёкра	*Schwiegervater (Vater des Ehemanns)*
тёща, тёщи	*Schwiegermutter (Mutter der Ehefrau)*
тесть, тéстя	*Schwiegervater (Vater der Ehefrau)*
невéстка, невéстки	*Schwiegertochter, Schwägerin*
своя́ченица, своя́ченицы	*Schwägerin (Schwester der Ehefrau)*
зять, зя́тя	*Schwiegersohn, Schwager (Ehemann der Schwester)*
золóвка, золóвки	*Schwägerin (Ehefrau des Bruders)*
шу́рин, шу́рина	*Schwager (Bruder der Ehefrau)*
дéверь, дéверя	*Schwager (Bruder des Ehemanns)*
тётя, тёти	*Tante*
дя́дя, дя́ди	*Onkel*
двою́родная сестрá, двою́родной сестры	*Cousine*
двою́родный брат, двою́родного брáта	*Cousin*

Stellen Sie sich vor, Sie sind Katja. Wer sind die anderen aus Ihrer Sicht? Schreiben Sie in Schreibschrift die richtige russische Verwandtschaftsbezeichnung hinter die Umschreibungen.

1. die Schwester meiner Mutter: ______________________________
2. der Sohn meines Vaters: ______________________________
3. die Großmutter meiner Mutter: ______________________________
4. der Sohn meines Onkels: ______________________________
5. der Bruder meines Ehemanns: ______________________________
6. der Ehemann meiner Schwester: ______________________________
7. der Vater meines Vaters: ______________________________

Lösung: 1. тётя, 2. брат, 3. прабабушка, 4. двоюродный брат, 5. деверь, 6. зять, 7. дед

Körperteile

Der Kopf

борода́	*Bart*	подборо́док	*Kinn*
бровь	*Augenbraue*	ресни́ца	*Wimper*
висо́к	*Schläfe*	рот	*Mund*
глаз, глаза́	*Auge, Augen*	усы́	*Schnurrbart*
голова́	*Kopf*	у́хо, у́ши	*Ohr, Ohren*
гу́бы	*Lippen*	лоб	*Stirn*
зу́бы	*Zähne*	че́реп	*Schädel*
лицо́	*Gesicht*	ше́я	*Hals*
нос	*Nase*	щека́	*Wange*

Tragen Sie unter den Fotos die entsprechenden Begriffe in Schreibschrift ein.

1. ______________________

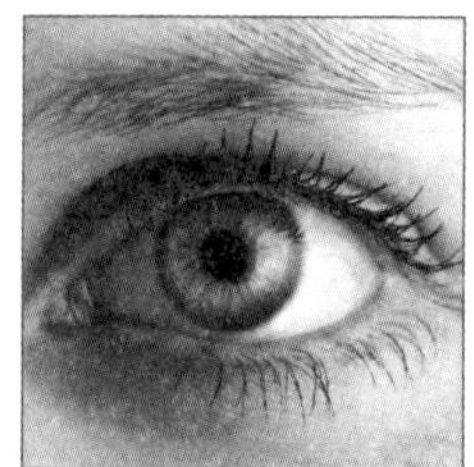

2. ______________________

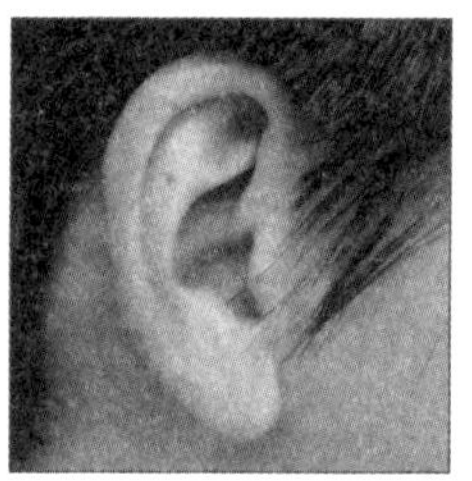

3. ______________________

4. ______________________

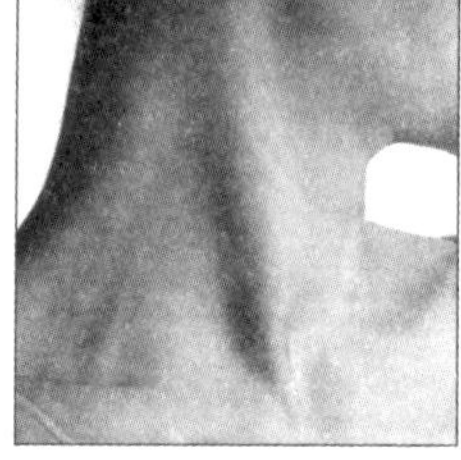

5. ______________________

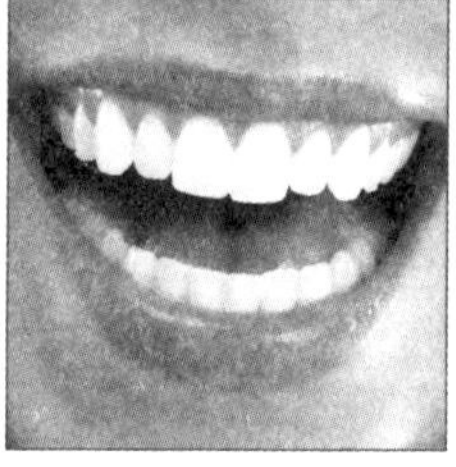

6. ______________________

Lösung: 1. бровь, 2. глаз, 3. ухо, 4. губы, рот, 5. шея, 6. зубы

Der Rumpf und die Gliedmaßen

бедро́	*Schenkel, Hüfte*	мизи́нец	*kleiner Finger*
бок	*Seite, Hüfte*	нога́	*Bein, Fuß*
го́лень	*Unterschenkel*	но́готь	*Fingernagel*
грудна́я клéтка	*Brustkorb*	па́лец	*Finger*
грудь	*Brust*	па́лец ноги́	*Zehe*
живо́т	*Bauch*	пя́тка	*Ferse*
заты́лок	*Nacken*	рука́	*Hand, Arm*
колéно	*Knie*	спина́	*Rücken*
ло́коть	*Ellbogen*	стопа́	*Fuß*

Tragen Sie an den gekennzeichneten Stellen die entsprechenden Begriffe in Schreibschrift ein.

Lösung: рука, локоть, грудная клетка, колено, нога, живот

Berufe

адвока́т	*Rechtsanwalt*
актёр	*Schauspieler*
актри́са	*Schauspielerin*
архите́ктор	*Architekt*
води́тель	*Fahrer*
воспита́тель	*Erzieher*
воспита́тельница	*Erzieherin*
врач	*Arzt*
гид	*Fremdenführer*
журнали́ст	*Journalist*
инжене́р	*Ingenieur*
медсестра́	*Krankenschwester*
ме́неджер	*Manager*
музыка́нт	*Musiker*
мясни́к	*Fleischer*
ня́ня	*Babysitterin, Tagesmutter*
официа́нт	*Kellner*
официа́нтка	*Kellnerin*
парикма́хер	*Friseur*
певе́ц	*Sänger*
пе́карь	*Bäcker*
писа́тель	*Schriftsteller*
пло́тник	*Zimmermann*
пожа́рник	*Feuerwehrmann*
полице́йский	*Polizist*
продаве́ц	*Verkäufer*
программи́ст	*Programmierer*
рабо́чий	*Arbeiter*
ску́льптор	*Bildhauer*
слу́жащий (бюро́)	*Büroangestellter*
слу́жащая	*Büroangestellte*
худо́жник	*Künstler*
швея́	*Schneiderin*

Männliche und weibliche Berufsbezeichnungen

Die meisten Berufsbezeichnungen im Russischen sind maskulin. Aber es gibt einige Berufe, die sowohl eine männliche als auch eine weibliche Form haben, z. B. актёр *Schauspieler*, актри́са *Schauspielerin*. Die meisten Berufe lassen sich in diesem Fall anhand der Suffixe (Nachsilben) -<u>ница</u> (z. B. учи́тель *Lehrer* → учи́тель<u>ница</u> *Lehrerin*) oder -<u>ка</u> (официа́нт *Kellner* → официа́нт<u>ка</u> *Kellnerin*) ableiten. Eine überschaubare Gruppe bilden Berufe, die traditionell von Frauen ausgeübt werden und daher feminin sind, z. B. ня́ня *Babysitterin, Tagesmutter*.

Jetzt suchen Sie aus der Liste der Berufsbezeichnungen alle künstlerischen Berufe aus, und schreiben Sie sie hier noch einmal in Schreibschrift auf.

____

____

____

Lösung: актёр, актриса, музыкант, певец, писатель, скульптор, художник

Hier können Sie im Wortgitter ein paar Berufe üben. Schreiben Sie in kleinen Druckbuchstaben.

Senkrecht:

1. Er zeigt Ihnen die Sehenswürdigkeiten.
2. Sein wichtigstes Arbeitsmaterial: Haare.
3. Er arbeitet.
4. Er macht Sie gesund.

Waagerecht:

5. Er verhilft Ihnen zu Ihrem Recht.
6. Er arbeitet vor allem mit Mehl.
7. Sie kümmert sich um Ihre kleinen Kinder.
8. Sie kümmert sich um die Kranken.

Lösung: Senkrecht: 1. гид, 2. парикмахер, 3. рабочий, 4. врач;
Waagerecht: 5. адвокат, 6. пекарь, 7. воспитательница, 8. медсестра

Freizeitziele

библиоте́ка	*Bibliothek*	о́пера	*Oper*
вы́ставка	*Ausstellung*	о́тдых	*Ruhe, Erholung*
дискоте́ка	*Diskothek*	парк	*Park*
зоопа́рк	*Zoopark*	прогу́лка	*Spaziergang*
кафе́	*Café*	стадио́н	*Stadion*
кино́	*Kino*	теа́тр	*Theater*
конце́рт	*Konzert*	цирк	*Zirkus*
музе́й	*Museum*	экску́рсия	*Ausflug*

Schreiben Sie neben die Fotos in Schreibschrift die entsprechenden Begriffe.

1. ______________________________

2. ______________________________

3. ______________________________

4. ______________________________

Lösung: 1. *парк*, 2. *концерт, опера, театр*, 3. *музей*, 4. *кино*

Welche Begriffe werden hier gesucht? Füllen Sie die Buchstabenfelder in Großbuchstaben in Druckschrift aus. Welcher Begriff ergibt sich senkrecht in den grauen Feldern?

1. Das Gegenteil von Lärm und Hektik.
2. Eine Art Miniurlaub.
3. Hier wird vieles auf Zeit zum Anschauen zusammengetragen.
4. Bäume, Sträucher, Blumen und Rasenflächen mit Wegen.
5. Der Ort, wo der Fußball vor Publikum rollt.
6. Ihre Regale sind voller Bücher.
7. Hier werden Sammlungen zu Kunst, Geschichte, Wissenschaft aufbewahrt und gezeigt.
8. Dort zeigt man Filme auf großer Leinwand.
9. Die Arbeitsstätte für Schauspielerinnen und Schauspieler.

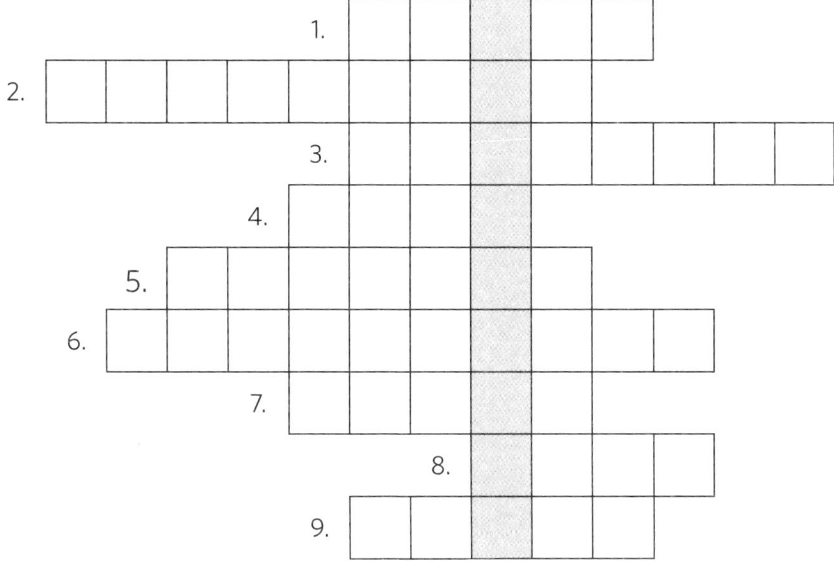

Lösung: 1. ОТДЫХ, 2. ЭКСКУРСИЯ, 3. ВЫСТАВКА, 4. ПАРК, 5. СТАДИОН, 6. БИБЛИОТЕКА, 7. МУЗЕЙ, 8. КИНО, 9. ТЕАТР; senkrechtes Lösungswort: ДИСКОТЕКА; ausgefüllte Buchstabenfelder auf Seite 90

Im Konzertsaal

антра́кт	*Pause*
аплодисме́нты	*Applaus*
билетёр	*Platzanweiser*
дирижёр	*Dirigent*
зри́тели	*die Zuschauer*
инструме́нт	*Instrument*
конце́ртный зал	*Konzertsaal*
ло́жа	*Loge*
музыка́нты	*die Musiker*
орке́стр	*Orchester*
пев́ец, певи́ца	*Sänger, Sängerin*
прохо́д	*Durchgang*
пу́блика	*Publikum*
ряд, ряды́	*Reihe, Reihen*
слу́шатели	*die Zuhörer*
соли́ст, соли́стка	*Solist, Solistin*
сце́на	*Bühne, Szene*

Üben Sie die folgenden Wörter, indem Sie sie in Schreibschrift schreiben.

антра́кт ______________________

аплодисме́нты ______________________

билетёр ______________________

дирижёр ______________________

зри́тели ______________________

инструме́нт ______________________

конце́ртный зал ______________________

ло́жа ______________________

музыка́нты ______________________

орке́стр ______________________

пев́ец ______________________

певи́ца ______________________

прохо́д ______________________

пу́блика ______________________

ряд ______________________

ряды́ ______________________

слу́шатели ______________________

соли́ст ______________________

соли́стка ______________________

сце́на ______________________

Lösung: *антракт, аплодисменты, билетёр, дирижёр, зрители, инструмент, концертный зал, ложа, музыканты, оркестр, публика, певец, певица, проход, ряд, ряды, слушатели, солист, солистка, сцена*

Musikinstrumente

альт	*Bratsche*
áрфа	*Harfe*
балалáйка	*Balalaika*
барабáн	*Trommel*
виолончéль	*Cello*
гитáра	*Gitarre*
гобóй	*Oboe*
горн	*Horn*
кларнéт	*Klarinette*
колокóльчики	*Glockenspiel*
контрабáс	*Kontrabass*
литáвры	*Kesselpauke*
мандоли́на	*Mandoline*
пиани́но	*Klavier*
поперéчная флéйта	*Querflöte*
роя́ль	*Flügel*
саксофóн	*Saxophon*
скри́пка	*Violine, Geige*
тарéлки	*Schallbecken*
тромбóн	*Posaune*
трубá	*Trompete*
удáрные инструмéнты	*Schlagzeug*
фагóт	*Fagott*
флéйта-пи́кколо	*Pikkoloflöte*

Schreiben Sie alle neun Blasinstrumente aus der Liste hier in Schreibschrift auf.

____

____

____

____

Lösung: *гобой, горн, кларнет, поперечная флейта, саксофон, тромбон, труба, фагот, флейта-пикколо*

Schule/Universität

бе́лая доска́	*Whiteboard*
бума́га	*Papier*
гу́бка	*Schwamm*
доска́	*Tafel*
дома́шние зада́ния	*Hausaufgaben*
доце́нт	*Dozent, Dozentin*
заня́тия	*Unterricht*
каранда́ш	*Bleistift*
класс	*Klasse*
ле́кция	*Vorlesung*
мел	*Kreide*
но́утбук/ноутбу́к	*Laptop*
оце́нка, оце́нки	*Note, Noten*
профе́ссор	*Professor, Professorin*
ру́чка (ша́риковая)	*Kugelschreiber*
семе́стр	*Semester*
свиде́тельство	*Zeugnis*
студе́нт, студе́нтка	*Student, Studentin*
табли́ца	*Tabelle*
тетра́дь	*Heft*
уро́к	*Schulstunde*
уче́бный кабине́т	*Unterrichtsraum*
уче́бник	*Lehrbuch*
учени́к, учени́ца	*Schüler, Schülerin*
учи́тель	*Lehrer*
учи́тельница	*Lehrerin*
экза́мен	*Prüfung*

Wortschlangen. Trennen Sie die Wörter durch senkrechte Striche voneinander. Die Wörterliste oben hilft Ihnen dabei.

1. Personen

доце́нтучительницапрофе́ссорстуде́нтучени́к

2. Unterrichtsutensilien

мелру́чкабума́гатетра́дькаранда́ш

Lösung: 1. доцент | учительница | профессор | студент | ученик
2. мел | ручка | бумага | тетрадь | карандаш

Wissenschaften

археоло́гия
астроно́мия
биоло́гия
геогра́фия
геоло́гия
информа́тика
матема́тика
медици́на
юриспруде́нция
психоло́гия
слави́стика
социоло́гия
стати́стика
фи́зика
филоло́гия
филосо́фия
хи́мия
эконо́мика

Die Begriffe für die Wissenschaften klingen im Russischen ähnlich wie im Deutschen. Finden Sie in der Liste oben das richtige Wort in Druckschrift und schreiben Sie es in Schreibschrift neben die deutsche Übersetzung.

1. Chemie ____________________
2. Psychologie ____________________
3. Geografie ____________________
4. Medizin ____________________
5. Philosophie ____________________
6. Slawistik ____________________
7. Geologie ____________________
8. Ökonomie ____________________
9. Biologie ____________________
10. Archäologie ____________________
11. Statistik ____________________
12. Philologie ____________________
13. Rechtswissenschaft, Jura ____________________
14. Astronomie ____________________
15. Soziologie ____________________
16. Informatik ____________________
17. Physik ____________________
18. Mathematik ____________________

Lösung: 1. химия, 2. психология, 3. география, 4. медицина, 5. философия,
6. славистика, 7. геология, 8. экономика, 9. биология, 10. археология,
11. статистика, 12. филология, 13. юриспруденция, 14. астрономия,
15. социология, 16. информатика, 17. физика, 18. математика

Bücher, Zeitungen, Zeitschriften

а́втор	*Autor*
бу́квы	*Buchstaben*
газе́та	*Zeitung*
да́та	*Datum*
журна́л	*Zeitschrift*
журнали́ст	*Journalist/in*
загла́вие	*Titel*
заголо́вок	*Überschrift*
изда́тельство	*Verlag*
кио́ск	*Kiosk*
кни́га	*Buch*
кни́жный магази́н	*Buchhandlung*
коммента́рий	*Kommentar*
обло́жка	*Buchumschlag*
рекла́ма	*Werbung*
реда́ктор	*Redakteur/in*
рекла́ма	*Werbung*
рекла́мное объявле́ние	*Anzeige, Annonce*
содержа́ние	*Inhaltsverzeichnis*
статья́	*Artikel*
страни́ца	*Seite*
типогра́фия	*Druckerei*
фельето́н	*Feuilleton*

Schreiben Sie in Schreibschrift hinter die Definitionen jeweils das gesuchte russische Wort.

1. Er recherchiert und schreibt Artikel. ______________________

2. Ein Text, der die persönliche Meinung des Schreibers wiedergibt. ______________________

3. Sie erscheint meistens wöchentlich oder monatlich. ______________________

4. Es hilft bei der Suche im Buch bzw. in der Zeitschrift. ______________________

5. Die russischen lernen Sie gerade mit diesem Buch. ______________________

6. Zeitungen kann man dort kaufen. ______________________

7. Dort kauft man Bücher. ______________________

8. Die steht über jedem Artikel. ______________________

Lösung: 1. журналист, 2. комментарий, 3. журнал, 4. содержание, 5. буквы, 6. киоск, 7. книжный магазин, 8. заголовок

Souvenirs

альбо́м	*Album, Bildband*	откры́тка	*Ansichtskarte*
безделу́шки	*Nippes*	плака́т	*Plakat*
во́дка	*Wodka*	план го́рода	*Stadtplan*
значо́к	*Abzeichen, Plakette*	плато́к	*Kopftuch*
икра́	*Kaviar*	резно́е изде́лие	*Schnitzerei*
ку́кла	*Puppe*	самова́р	*Samowar*
карти́на	*Bild*	украше́ния	*Schmuck*
ла́ковые изде́лия	*Lackwaren*	фарфо́ровая посу́да	*Porzellangeschirr*
матрёшка	*Matroschka*	шкату́лка	*Schatulle*

Wie heißen die folgenden typischen Mitbringsel? Schreiben Sie sie in Schreibschrift unter die Fotos.

1. ____________ 2. ____________ 3. ____________

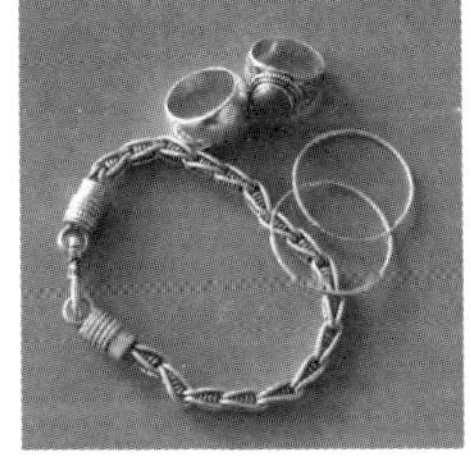

4. ____________ 5. ____________ 6. ____________

Lösung: 1. платок, 2. матрёшка, 3. самовар, 4. фарфоровая посуда, 5. украшения, 6. икра

Wichtige Wendungen

Здра́вствуйте!	Seien Sie gegrüßt!
Здра́вствуй!	Sei gegrüßt!
Приве́т!	Hallo!
До́брое у́тро!	Guten Morgen!
До́брый день!	Guten Tag!
До́брый ве́чер!	Guten Abend!
Споко́йной но́чи!	Gute Nacht!
До свида́ния!	Auf Wiedersehen!
Пока́!	Tschüs!
Как Вас/тебя́ зову́т?	Wie heißen Sie/heißt du?
Меня́ зову́т ...	Ich heiße ...
Ско́лько Вам/тебе́ лет?	Wie alt sind Sie/bist du?
Мне ... лет/го́д(а)	Ich bin ... Jahre alt.
Отку́да Вы прие́хали?	Woher kommen Sie?
Отку́да ты прие́хал(а)?	Woher kommst du?
Я прие́хал(а) из ...	Ich komme aus ...
Где Вы/ты живёте/живёшь?	Wo wohnen Sie/wohnst du?
Я живу́ в ...	Ich wohne in ...
Я прие́хал(а) на авто́бусе (Präpositiv).	Ich bin mit dem Bus gekommen.
авто́бус (Bus) → на авто́бусе	mit dem Bus
маши́на → на маши́не	mit dem Auto
метро́ → на метро́	mit der U-Bahn
по́езд → на по́езде	mit dem Zug
такси́ → на такси́	mit dem Taxi
трамва́й → на трамва́е	mit der Straßenbahn
электри́чка → на электри́чке	mit der S-Bahn
велосипе́д → на велосипе́де	mit dem Fahrrad
Я прилете́л(а) на самолёте.	Ich bin mit dem Flugzeug hergeflogen.
Как дела́?	Wie geht's?
Хорошо́!	Gut!
Не о́чень.	Nicht so gut.
О́чень хорошо́.	Sehr gut.

Нормально.	Alles OK.
Плохо.	Schlecht.
Ничего.	Es geht.
Отлично.	Ausgezeichnet.
Извини/те.	Entschuldige/n Sie.
Спасибо.	Danke.
Пожалуйста.	Bitte.
Сколько это стоит?	Wie viel kostet das?
Где находится ...?	Wo befindet sich ...?
Как пройти/проехать до аэропорта (Genitiv) ...?	Wie kommt man zum Flughafen?
аэропорт (Flughafen) → до аэропорта	zum Flughafen
банк → до банка	zur Bank
больница → до больницы	zum Krankenhaus
вокзал → до вокзала	zum Bahnhof
гостиница → до гостиницы	zum Hotel
магазин → до магазина	zum Geschäft/Laden
музей → до музея	zum Museum
парк → до парка	zum Park
ресторан → до ресторана	zum Restaurant
театр → до театра	zum Theater
университет → до университета	zur Universität
Где Вы/ты работаете/работаешь?	Wo arbeiten Sie/arbeitest du?
Я работаю...	Ich arbeite ...
завод/фабрика → на заводе/фабрике	in einem Werk/einer Fabrik
фирма → на/в фирме	in einer Firma
банк → в банке	bei einer Bank
офис → в офисе	im Büro
школа → в школе	in einer Schule
Я студент/студентка.	Ich bin Student/in.
Я школьник/школьница.	Ich bin Schüler/in.
Я ещё учусь в школе.	Ich gehe noch in die Schule.
Я пенсионер.	Ich bin Rentner/in.

Russische Handschrift-Beispiele

Auch wenn heute immer weniger von Hand geschrieben wird, gibt es Situationen, in denen ein handschriftlicher Text praktischer sein kann oder persönlicher wirkt. Hier eine kleine Mitteilung, die man so oder ähnlich vielleicht auch heute noch schreibt, zunächst in getippter Form:

> Привет, солнышко!
> Я в городе. Скоро меня не жди. Принесу что-нибудь вкусненькое к чаю.
> P.S. Накорми, пожалуйста, кота, только не сосисками.
> Целую,

Und hier sechs Beispiele dafür, wie unterschiedlich russische Handschriften aussehen können.

Привет, солнышко!
Я в городе. Скоро меня не жди ☺.
Принесу что-нибудь вкусненькое к чаю.
P.S. Накорми, пожалуйста, кота,
только не сосисками.
Целую,

Привет, солнышко!
Я в городе. Скоро
меня не жди. Принесу
что-нибудь вкусненькое
к чаю.
P.S. Накорми, пожа-
луйста, кота, только
не сосисками.
Целую,

Привет, солнышко!
Я в городе. Скоро меня
не жди ☺. Принесу
что-нибудь вкусненькое
к чаю.
P.S. Накорми, пожа-
луйста, кота, только
не сосисками.
Целую,

Привет, солнышко!
Я в городе.
Скоро меня не жди.
Принесу что-нибудь
вкусненькое к чаю.
P.S. Накорми,
пожалуйста, кота,
только не сосисками.
Целую.

Привет, солнышко!

Я в городе. Скоро меня не жди.

Принесу что-нибудь вкусненькое
к чаю.

P.S. Накорми, пожалуйста, кота,
только не сосисками.

Целую,

Привет, солнышко!

Я в городе. Скоро меня
не жди. Принесу что-
нибудь вкусненькое к чаю.

P.S. Накорми, пожалуйста,
кота, только не сосисками.

Целую,

Auf Deutsch heißt der Text übrigens:

Hallo, kleine Sonne!
Ich bin in der Stadt. Erwarte mich nicht (so) bald. Ich bringe etwas Leckeres zum Tee mit.
P.S. Füttere bitte den Kater, aber nicht mit Würstchen.
Ich küsse dich,

Die russische Computer-Tastaturbelegung

Wenn Sie Russisch lernen, werden Sie sicherlich früher oder später auch an Ihrem Computer bzw. auf Ihrem Laptop Russisch schreiben. Hier können Sie sich bereits vertraut machen mit der russischen Tastaturbelegung. Beachten Sie, dass auch andere Zeichen, z. B. die Satzzeichen, bei russischen Tastaturen auf andere Tasten gelegt sind.

Auf den meisten russischen Computertastaturen sind auch die lateinischen Buchstaben angegeben, da z. B. Internetadressen oder E-Mail-Adressen mit lateinischen Buchstaben geschrieben werden. Bei der Tastenbelegung hat man sich an der englischen/US-amerikanischen Tastenbelegung orientiert.

Russische Kursivschrift

Falls Sie bei der Lektüre russischer Texte auch auf Texte in Kursivschrift stoßen, wundern Sie sich nicht, dass in der Kursivschrift einige russische Kleinbuchstaben anders aussehen können als in der normalen Druckschrift. Es betrifft folgende Buchstaben:

Normale Druckschrift: а Kursivschrift: *а* (ähnlich wie das *a* in Schreibschrift)
Normale Druckschrift: в Kursivschrift: *в* (eigene Buchstabenform)
Normale Druckschrift: г Kursivschrift: *г* (ähnlich wie das *r* in Schreibschrift)
Normale Druckschrift: д Kursivschrift: *д* (eigene Buchstabenform)
Normale Druckschrift: и Kursivschrift: *и* (ähnlich wie das *u* in Schreibschrift)
Normale Druckschrift: й Kursivschrift: *й* (ähnlich wie das *ŭ* in Schreibschrift)
Normale Druckschrift: т Kursivschrift: *т* (ähnlich wie das *m* in Schreibschrift)

In manchen Schriftarten wird auch das kleine п in der Kursivschrift eher der Schreibschrift nachempfunden: *п*

Lösungen

Seite 10

м	а	т	о	а	т
а	т	о	к	о	а
к	о	м	т	о	о
а	м	а	м	а	а
т	о	т	к	а	к
к	о	м	е	т	а
о	т	а	а	т	к

Seite 39

1. *сорок восемь*; 2. *шестьдесят четыре*; 3. *девяносто два*; 4. *сто тринадцать*; 5. *двести тридцать пять*; 6. *триста девяносто девять*; 7. *четыреста восемьдесят один*; 8. *пятьсот пятьдесят пять*; 9. *шестьсот сорок четыре*; 10. *семьсот двадцать девять*; 11. *восемьсот четырнадцать*; 12. *девятьсот шестьдесят девять*; 13. *тысяча семьсот девяносто три*; 14. *две тысячи восемьсот шестьдесят*; 15. *четыре тысячи пятьсот одиннадцать*; 16. *один миллион сто двадцать шесть тысяч пятьсот девяносто шесть*

Seite 40

1. *Сегодня четверг, десятое сентября*; 2. *Сегодня воскресенье, тридцать первое декабря*; 3. *Сегодня вторник, двадцать шестое февраля*; 4. *Сегодня среда, второе января*; 5. *Сегодня понедельник, семьнадцатое августа*; 6. *Сегодня пятница, тридцатое ноября*

Seite 43

1. *шесть часов*; 2. *два часа*; 3. *десять часов тридцать минут (половина одиннадцатого)*; 4. *четыре часа сорок пять минут (без пятнадцати пять)*; 5. *двенадцать часов (полдень / полночь)*; 6. *девять часов двадцать пять минут*

Seite 44

A: *Сколько времени?*
B: *Еще рано – без двадцати восемь.*
A: *Когда надо идти?*
B: *В восемь часов.*

Seite 45

1. *широкий – узкий*;
2. *тёмный – светлый*;
3. *мягкий – твёрдый*;
4. *короткий – длинный*;
5. *холодный – горячий*;
6. *интересный – скучный*;
7. *низкий – высокий*;
8. *толстый – худой*;
9. *весёлый – грустный*;
10. *плохой – хороший*;
11. *красивый – некрасивый*;
12. *слабый – сильный*

Seite 61

Mögliche Lösung: Gemüsesuppe: 1. *лук*, 2. *картофель*, 3. *морковь*, 4. *фасоль*, 5. *петрушка*;
Obstsalat: 1. *бананы*, 2. *дыня*, 3. *яблоки*, 4. *лимон*, 5. *орехи*

Seite 62

Заку́ски (Vorspeisen): *винегрет, салат мясной «Оливье», селёдка, яйцо с икрой*
Супы́ (Suppen): *борщ, овощной суп, солянка, уха, щи*
Вторы́е блю́да (Hauptspeisen): *овощи: гарнир, капуста, картофель-фри, пюре, цветная капуста*
мя́со (Fleisch): *бифштекс, жаркое, курица, котлета, пельмени, свинина, шашлык, шницель*
ры́ба (Fisch): *камбала, рыбные палочки, форель, щука*
Десе́рты (Nachspeisen): *блины, мороженое, пирожное, торт, фрукты, яблочный пирог*

Seite 65

Mögliche Lösung: 1. *кухонный шкаф, холодильник, стол;* 2. *умывальник, стиральная машина, стул;* 3. *компьютер, письменный стол, принтер;* 4. *кровать, телевизор, шкаф;* 5. *диван, кресло, телефон, витрина;* 6. *табуретка, стол, стул*

Seite 70

а	л	ь	п	и	н	и	з	м
д	ш	т	щ	ф	й	я	д	о
з	б	о	р	ь	б	а	щ	б
ю	г	а	ю	я	у	п	щ	ы
д	а	г	х	о	к	к	е	й
о	ж	к	а	о	р	л	ё	ю
м	с	т	р	е	л	ь	б	а
б	а	д	м	и	н	т	о	н

Seite 77

Lernkärtchen

Schneiden Sie die Kärtchen entlang der gestrichelten Linie aus, und üben Sie die Buchstaben unterwegs.

А, а	**Б, б**	**В, в**	**Г, г**	**Д, д**
А, а	*Б, б*	*В, в*	*Г, г*	*Д, д*
Е, е	**Ё, ё**	**Ж, ж**	**З, з**	**И, и**
Е, е	*Ё, ё*	*Ж, ж*	*З, з*	*И, и*
Й, й	**К, к**	**Л, л**	**М, м**	**Н, н**
Й, й	*К, к*	*Л, л*	*М, м*	*Н, н*
О, о	**П, п**	**Р, р**	**С, с**	**Т, т**
О, о	*П, п*	*Р, р*	*С, с*	*Т, т*
У, у	**Ф, ф**	**Х, х**	**Ц, ц**	**Ч, ч**
У, у	*Ф, ф*	*Х, х*	*Ц, ц*	*Ч, ч*
Ш, ш	**Щ, щ**	**ъ**	**ы**	**ь**
Ш, ш	*Щ, щ*	*ъ*	*ы*	*ь*
Э, э	**Ю, ю**	**Я, я**		
Э, э	*Ю, ю*	*Я, я*		

d (wie in **D***ame*)	**g** (wie in **G***ranate*)	**w** (wie in **W***asser*)	**b** (wie in **B***ruder*)	**a** (wie in **a***ber*)
i (wie in *M***i***nute*)	**s** (stimmhaft wie in *Pau***s***e*)	**j** (stimmhaftes sch wie in **J***argon*)	**jo** (wie in **Jo***hannes*)	**je** (wie in **je***doch*)
n (wie in **N***ase*)	**m** (wie in **M***aus*)	**l** (wie in **L***ampe*)	**k** (wie in **K***unst*)	**j** (wie in **J***od*)
t (wie in **T***ag*)	**s** (stimmlos wie in *Mu***ß***e*)	**r** (wie in **R***iese*)	**p** (wie in **P***aar*)	**o** (wie in *r***o***t*)
tsch (wie in **Tsch***echien*)	**z** (wie in **Z***entrum*)	**ch** (wie in *Ba***ch**)	**f** (wie in **F***orm*)	**u** (wie in **U***-Bahn*)
weiches Zeichen	keine Entsprechung	hartes Zeichen	**schsch** weiches ш (wie in *Fi***schsch***warm*)	**sch** (wie in **Sch***eibe*)
		ja (wie in **Ja***mmer*)	**ju** (wie in **Ju***welier*)	**ä** (wie in **Ä***rger*)

Bildnachweis

Umschlagvorderseite Shutterstock (S.Borisov), New York; **4** iStockphoto (izold), Calgary, Alberta; **10.1** Adobe Stock (Stanislav Komogorov), Dublin; **10.2** Adobe Stock (by-studio), Dublin; **10.3** Adobe Stock (Oleh), Dublin; **10.4** Adobe Stock (Pixel-Shot), Dublin; **10.5** Shutterstock (GCapture), New York; **14.1** Shutterstock (phol20), New York; **14.2** Shutterstock (Ruslana Maskenskaia), New York; **14.3** Adobe Stock (Alberto Pérez Veiga), Dublin; **14.4** Shutterstock (Ideas_supermarket), New York; **34.1** Shutterstock (LilKar), New York; **34.2** Shutterstock (Chiociolla), New York; **34.3** Shutterstock (TTstudio), New York; **34.4** Shutterstock (sun ok), New York; **41** Shutterstock (FotoHelin), New York; **43.1** PONS Archiv, Stuttgart; **43.2** PONS Archiv, Stuttgart; **43.3** PONS Archiv, Stuttgart; **43.4** PONS Archiv, Stuttgart; **43.5** PONS Archiv, Stuttgart; **43.6** PONS Archiv, Stuttgart; **47.1** Thinkstock (selensergen), München; **47.2** Britta Anders, Mähringen); **47.3** Shutterstock (Black Pearl Footage), New York; **47.4** iStockphoto (Paul Cowan), Calgary, Alberta; **47.5** Fotolia (Serdar Yagci), New York; **47.6** iStockphoto (Ufuk ZIVANA), Calgary, Alberta; **48.1** iStockphoto (Gertjan Hooijer), Calgary, Alberta; **48.2** iStockphoto (istockphoto), Calgary, Alberta; **48.3** Shutterstock (Anton Parsukov), New York; **48.4** iStockphoto (Cindy England), Calgary, Alberta; **48.5** Thinkstock (Goodshoot), München; **48.6** PONS GmbH (Silke Deffur, Stuttgart), Stuttgart; **49.1** Shutterstock (Suvorov_Alex), New York; **49.2** Shutterstock (EvgenySHCH), New York; **49.3** Shutterstock (Mahara), New York; **49.4** Shutterstock (Julia Kuzenkova), New York; **49.5** Shutterstock (Maximillian cabinet), New York; **49.6** Shutterstock (ArtNat), New York; **51** Shutterstock (ichadsgn), New York; **52.1** iStockphoto (Jennifer Oehler), Calgary, Alberta; **52.2** PONS GmbH (Michael Deffur, Hückelhoven), Stuttgart; **52.3** Shutterstock (WildlifeWorld), New York; **52.4** Shutterstock (Krakenimages. com), New York; **52.5** iStockphoto (Wouter van Caspel), Calgary, Alberta; **52.6** Adobe Stock (Kate), Dublin; **59.1** iStockphoto (ranplett), Calgary, Alberta; **59.2** Fotolia (Roman Sigaev), New York; **59.3** Shutterstock (Melinda Nagy), New York; **59.4** iStockphoto (Andrea Leone), Calgary, Alberta; **59.5** Shutterstock (forden), New York; **59.6** Shutterstock (Billion Photos), New York; **61.1** Shutterstock (Sea Wave), New York; **61.2** Shutterstock (nesavinov), New York; **63.1** Shutterstock (steshs), New York; **63.2** Shutterstock (Kseniia Perminova), New York; **63.3** Shutterstock (Sepp photography), New York; **63.4** Shutterstock (ju_see), New York; **64.1** Shutterstock (Daina Varpina), New York; **64.2** Shutterstock (Cherries), New York; **64.3** Shutterstock (Zamurovic Brothers), New York; **66.1** iStockphoto (Alvaro Heinzen), Calgary, Alberta; **66.2** Shutterstock (posteriori), New York; **66.3** iStockphoto (Denisa Moorehouse), Calgary, Alberta; **66.4** PONS Archiv (Gesa Füße), Stuttgart; **66.5** Shutterstock (monika3steps), New York; **66.6** Shutterstock (Elnur), New York; **66.7** Shutterstock (Magdalena Wielobob), New York; **66.8** Shutterstock (hideto999), New York; **68.1** Shutterstock (Janon Stock), New York; **68.2** iStockphoto (pixdeluxe), Calgary, Alberta; **68.3** Getty Images (PhotoDisc), München; **68.4** iStockphoto (Sean Locke), Calgary, Alberta; **69.1** iStockphoto (Ramsey Blacklock), Calgary, Alberta; **69.2** Shutterstock (Ivan Smuk), New York; **69.3** iStockphoto (geotrac), Calgary, Alberta; **69.4** Shutterstock (IM_photo), New York; **69.5** Shutterstock (tinta), New York; **69.6** Shutterstock (FFKS), New York; **72.1** Shutterstock (Anna Strigana Fedotova), New York; **72.2** Fotolia (m.arc), New York; **72.3** (istockphoto. com); **72.4** Shutterstock (L Julia), New York; **72.5** iStockphoto (Sharon Dominick), Calgary, Alberta; **72.6** Shutterstock (kurhan), New York; **73** Adobe Stock (pattilabelle), Dublin; **76.1** Shutterstock (mikolajn), New York; **76.2** Shutterstock (Asauriet), New York; **76.3** Shutterstock (Anna Pakutina), New York; **76.4** Fotolia (Ferenc Szelepcsenyi), New York; **83.1** Shutterstock (JullyFotos), New York; **83.2** Shutterstock (anon_tae), New York; **83.3** Shutterstock (natalean), New York; **83.4** Shutterstock (bellena), New York; **83.5** (EKS); **83.6** Shutterstock (MH STOCK), New York; **90** Adobe Stock (Dmytro Panchenko), Dublin

Russische Grammatik in lebendiger Sprache üben

Erste Grundkenntnisse

- Lernen Sie Grammatik einfach und schnell, indem Sie authentische Sätze aus dem Alltag übersetzen.
- Erweitern Sie Ihren Wortschatz automatisch beim Übersetzen.
- Mit einer Einführung in das russische Alphabet und Schreibübungen zur kyrillischen Schrift.
- Russische Grammatik der Stufe A1 wird in überschaubaren Portionen präzise und logisch erklärt, z. B. die Verwendung der Fälle (u. a. Instrumental und Präpositiv), belebte und unbelebte Substantive, Langformen und Kurzformen der Adjektive sowie das Verb „быть“ (sein).

ISBN: 978-3-12-566110-3